한 손에
잡히는
생명
윤리

한 손에 잡히는 생명윤리
난자 매매부터 유전자 특허까지

초판 1쇄 펴낸날 2018년 9월 5일
초판 6쇄 펴낸날 2023년 10월 20일

지은이 도나 디켄슨 옮긴이 강명신
펴낸이 이건복 펴낸곳 도서출판 동녘

등록 제311-1980-01호 1980년 3월 25일
주소 (10881) 경기도 파주시 회동길 77-26
전화 영업 031-955-3000 편집 031-955-3005 전송 031-955-3009
홈페이지 www.dongnyok.com 전자우편 editor@dongnyok.com
인쇄·제본 영신사 라미네이팅 북웨어 종이 한서지업사

ISBN 978-89-7297-924-1 (03190)

• 잘못 만들어진 책은 구입처에서 바꿔 드립니다.
• 책값은 뒤표지에 쓰여 있습니다.
• 이 도서의 국립중앙도서관 출판시도서목록(CIP)은 서지정보유통지원시스템 홈페이지
  (http://seoji.nl.go.kr)와 국가자료공동목록시스템(http://www.nl.go.kr/kolisnet)에서 이용하실 수 있
  습니다.(CIP제어번호: CIP2018026785)

한 손에 잡히는 생명윤리

난자 매매부터 유전자 특허까지

도나 디켄슨 지음 · 강명신 옮김

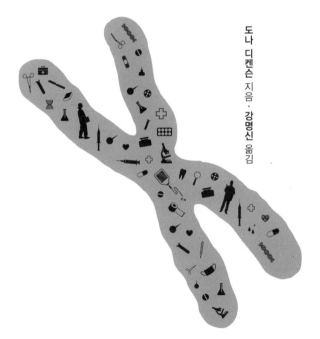

차례

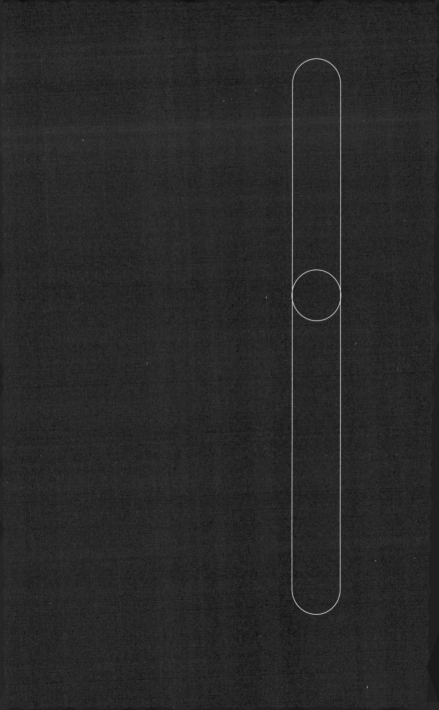

1장

과학이 허락하면
다 해도 좋을까?

생명공학은…… 고대인들이 신의 개입이 있어야만
실현할 수 있다고 여겼던 일들을 약속하고, 더러는 실현시킨다.
환자를 치유할 뿐 아니라 걷지 못하는 사람을 걷게 하고,
불임 부부에게 아이를 선사한다.
생명공학은 우리의 신체와 행동과 정신에 직접 작용해
우리가 스스로를 다르게 이해하도록 한다.[1]

새로운 생명공학이라는 무대에는 최대의 희망과 최대의 공포가 동시에 등장한다. 18세기 계몽주의 사상가들은 과학의 발전이 사회정의와 행복을 증진할 거라고 기대했다. 그런데 과학의 발전이 사회 부정의를 줄이기는커녕 오히려 증가시킨다면? 예를 들어, 캐나다에서 작성된 유명한 보고서는 중국인 죄수들의 신장 등 장기들을 부유한 서양인들에게 이식하는 것이 이식기술의 오용이라며 비난한다.[2]

'인체 쇼핑body shopping'[3]의 예는 더 있다. 난자를 사고파는 국제적 시장이 형성되었고, 인도에는 대리모 산업의 국제적 허브가 생겼다.[4] 이는 생식보조기술이나 유전학, 면역억제제, 분자생물학 등의 발전 없이는 불가능하고 예견할 수도 없는 일이다. 의학의 발전 자체는 일반적으로 정말 유익하다. 이 점을 처음부터 분명히 해두고 싶다. 발전의 결과를 비판하는 사람은 발전에 무턱대고 반대한다며 쉽게 낙인찍히는 경향이 있기 때문이다. 그런데 의료 발전이 오용으로 치닫는 경우가 있다. 새로운 기술을 극단적으로 옹호하는 사람들은 이런 현실을 부인하기도 한다. 그러나 잘못된 현실 때문에 첨예한 논란이 벌어지고, 논란이 극단으로 치닫다 보면 다윈의 진화론을 과격하게 공격할 당시의 냉혹함을 능가하는 지경에 이르기도 한다.

'생명윤리bioethics'는 생명을 뜻하는 그리스어 '바이오스bios'와 가치 또는 도덕을 뜻하는 '에토스ethos'가 결합된 단어다. 생명윤리는 ① 앞선 예와 같은 쟁점을 좀 더 합리적으로 토론하고, ② 미래의 과학 발전이 취약한 인구집단에 큰 부담을 지우며 이루어지는 것은 아닌지 확인하며, ③ 과학 발전의 해악이 그 이익을 능가하지 않게 하고, ④ 누구의 이익이 우선하는지 물으며, ⑤ 새로운 과학 발달이 정의에 기여하는가에 대해 문제를 제기하는 역할을 한다.

나는 생명윤리의 이 모든 역할이 중요하다고 생각하지만 좀 더 심오한 질문, 즉 도덕적이면서도 형이상학적인 질문이 또 있다. 17세기 정치사상가 토머스 홉스Thomas Hobbes가 책에 쓴 대로, 자연 상태의 삶이 "외롭고, 빈곤하고, 더럽고, 야

정의正義, justice

그리스 철학자 아리스토텔레스Aristoteles는 '정의'를 두고 "같은 것은 같게 대하고 다른 것은 다르게 대하는 것"이라고 했다. 이때 과연 누구를 평등한 존재로 볼 것인가의 질문이 문제가 되곤 한다. 아리스토텔레스의 시대에 노예와 여성은 남성과 평등한 존재가 아니었고, 스승인 플라톤Plato과 달리 아리스토텔레스는 그러한 사회적 관습을 수용했다는 측면에서 당대에 속한 사람이었다. 이제는 더 이상 그런 불평등을 당연시하거나 불가피한 것으로 수용하지 않는다. 최소한 공공연히 그렇게 하지는 않는다. 아무튼 '같은 것을 같게'라는 아리스토텔레스의 관점은 지금도 생명윤리에서 중요한 의미를 지닌다. 새로운 과학 발전이 취약 집단에 부당한 해악을 끼치지 않도록 보장함으로써 우리 사고의 지평을 넓혀주기 때문이다.

아리스토텔레스
그는 "같은 것은 같게 다른 것은 다르게"라고 정의를 규정했는데, 과연 누가 누구와 같단 말인가?

만적이고 짧은 것"이라면 자연이 우리에게 드리운 한계를 극복하는 것 자체는 큰 희망일 수 있다. 그리고 누군가는 인간 본성 자체를 바꾸는 정도라 할지라도 우리의 인지능력을 향상시키는 일은 자연의 한계를 극복하는 일에 포함된다고 볼 것이다.

그러나 한편에서는 자연의 사멸을 가장 두려워해야 할 종국의 사태로 여긴다. 영국의 사회학자 사라 프랭클린Sarah Franklin이 자신의 책에서 인용했듯이, 우리가 과학을 이용해 우리 야망을 가로막는 자연적 한계를 모조리 제거할 수 있다

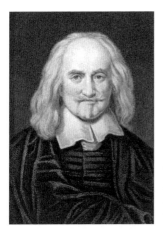

토머스 홉스
그는 자연 상태의 삶을 "외롭고 빈곤하고 더럽고 야만적이고 짧은 것"이라고 했다.

면, 일정한 한계를 짊어질 책임도 자발적으로 수용해야 한다. 우리의 열정에서 비롯된 방법이나 욕망은 그 이로움만큼이나 파괴적일 수 있기 때문이다.

> 우리는 더 이상 생물학적인 것 '자체'가 우리의 야망에 제한을 가한다고 생각할 수 없게 되었다. 이제 인간은 생물학적인 것의 영역에서 훨씬 큰 책임을 짊어져야 한다. 이제 생물학적인 것은 완전히 (인간에 의해 좌우되는) 우연적인 조건이 되어버렸기 때문이다.[5]

그러나 다른 한편에서는, 한때 종교적 구원에 걸었던 모든 기대와 믿음을 새로운 생명공학에 걸고 있다. 만약 가장 열렬한 생명공학 추종자들의 생각이 옳다면, 과학의 성취에 불가피한 경계가 존재하는지 여부와 관계없이 윤리적 문제 제기나 정치적 간섭 또는 법적 금지로 과학 발전을 제한하면 안 된다는 결론이 도출된다. 이 관점에서는 생물학적 영역이 '완전히 우연적인' 것이 되어야 훨씬 좋다. 그럴 경우 의생명 과학에 참견했다가 큰 코 다칠 수 있다. 과학자들이 이룬 결실을 누리고 싶다면(원치 않는다는 말도 위선적인 것이 될 텐데), 우리에게 주어진 자연적 조건인 질병과 통증, 조기 사망을 극복하려는 과학을 도와야 할 것이다.

그렇다. 이 견해가 옳다면 실제로 생물학적 영역에서 더 큰 책임을 받아들여야 하고, 그 방향도 비판이나 금지가 아니다. 이때 생명윤리의 과제는 과학을 위한 지적 옹호자로서의 역할이다. 미신을 폭로하고 불합리한 공포를 가라앉히는 일을 해야 한다. 이 입장에서 모든 공포는 현대 과학의 엄청난 이익에 견주면 당연히 그 자체로 불합리한 것이 된다. 도시국가 아테네 사람들의 손에 소크라테스가 죽은 이후 철학

자크루이 다비드 Jacques-Louis David, 〈**소크라테스의 죽음**〉(1787)
도시국가 아테네가 소크라테스의 사형을 집행하는 장면. 죄목은 추정컨대 선동죄다. 생명윤리학자는 소크라테스와 같은 비평가가 되어야 할까?

자들은 스스로를 (소크라테스가 말한 역할로서―옮긴이) 잔소리꾼gadflies이라 여겨왔지만, 이 입장에서 그런 역할은 말도 안 된다. 옹호자들은 그것이 적어도 철학적 생명윤리의 역할은 아니라고 단정할 것이다. 철학자의 비판적 사유가 중심에 있긴 하겠지만, 이 관점에서 생명윤리의 역할은 시민들의 오해를 불식하는 일이다.

이와 유사한 관점을 강력하게 지지하는 영국의 생명윤리

'프랑켄슈타인 과학'

1831년에 나온 매리 셸리Mary Shelley의 소설 《프랑켄슈타인》의 표지. 삽화는 테오도르 폰 홀스트Theodor von Holst가 그렸다.

학자 존 해리스John Harris는 한 발짝 더 나아간다. 더 나은 삶의 여건을 만드는 일과 관련해 과학에 간섭하면 안 된다는 수동적 또는 소극적 책임뿐만 아니라, 연구 참여자로서 능동적이고 적극적인 책임도 져야 한다고 주장한다.

> '프랑켄슈타인 과학'이라는 말은 과학의 어떤 측면에 이의를 제기하는 사람들이나, 과학자들이 과학 지식을 남용한다고 넘겨짚으며 이의를 제기하는 사람들의 입에서 좀처럼 떠나지 않는 말이다. 그런데 우리가 잊지 말아야 할 것이 있다. 과학적 연구, 특히 의생명과학 연구를 맡아서 수행하고, 지지하며, 참여해야 할 막대한 책임과 그런 책임을 뒷받침하는 강력한 도덕적 명령이 우리 앞에 있다는 사실이다.[6]

즉, 우리 모두 현대 의학으로부터 상당한 혜택을 입고 있기 때문에 각자가 의학 지식의 상태를 진척시킬 책임이 있다는 주장이다. 해리스는 제대로 생각할 줄 아는 사람 누구에게나 이것이 자명한 진리라고 생각한다. 그리고 다음과 같이 덧붙였다.

> 다른 사람을 도와야 할 책임이 있다고 믿는 사람이라면,
> 그리고/또는 정의로워야 할 도덕적 책임, 즉 각자의 몫을
> 해야 할 도덕적 책임이 있다고 믿는 사람이라면 연구에 참
> 여할 책임을 막중하게 느낄 것이다. 도덕적으로 약해빠져
> 서 이 두 가지 책임 중 어느 쪽도 수용하지 못하는 사람에
> 게는 별로 할 말이 없다.[7]

그의 말은 확실히 도덕적 우위를 점하고 있다. 그런데 생
각을 해보자. 과학의 발전으로 모두가 동등한 혜택을 누리는
가? 그래서 우리 모두가 동일한 희생을 치러야만 하는가? 생
명윤리와 관련해 늘 제기해볼 문제가 있다. 대체 누구의 이
익에 기여하는가라는 질문이다. 개인만이 과학 발전의 수혜
자는 아니다. 현대 의학은 고도로 상업화되어 있다. 그리고
많은 경우, 엄청난 이윤을 남긴다.[8] 미국의 비평가 지나 마
란토Gina Maranto는 연구 피험자들의 "별처럼 반짝이는" 참여
동기와 냉엄한 현대 과학의 실상 사이에는 잠재적으로 착취

의 여지가 다분한, 큰 불균형이 존재한다고 본다. "과학이 작동하는 시장의 여건을 고려할 때, 자유롭게 준 선물은 빠르게 상품화된다."[9] 일방의 이타주의는 착취라고 보는 것이 맞다.

다른 측면으로도 이익은 동일하지 않다. 연구를 개발도상국에 아웃소싱하거나 민간 위탁연구 기관Contract Research Organization, CRO이 수행하는 경우가 점점 늘어나는데, 예를 들어 2004년 한 해에 제약회사들이 실시한 해외 임상시험은 1600건 이상이었다. 한편 미국 내 임상시험의 70퍼센트 이상은 영리 부문에서 수행되었다. 미국의 피험자는 대개 장기 실업자이거나 미등록 이주민이며, 지속적인 임상시험 참여는 이들의 주 수입원이다.[10] 제3세계 피험자의 경우, 임상시험 참여 기간에 일시적으로 제공받는 의료서비스 외에 별 혜택이 없다. 신약으로 장기적 혜택을 입으리라는 보장이 없다. 장기 실업자의 경우도 의료보험이 없기 때문에 현실은 마찬가지다.

미국의 생명윤리학자 스튜어트 레니Stuart Rennie도 최근 해리스의 주장을 다음과 같이 비판했다.

연구 참여 행동의 도덕적 위상을 자발적 참여에서 도덕적 책임으로 높여야 한다는 요구는 우연이 아닌 듯하다. 이 시대는 의학연구를 점점 해외로 아웃소싱하고 있다. 한쪽에서는 연구를 저소득 국가로 이관하고, 다른 쪽에서는 연구 참여를 하나의 의무로 보는 프레임은 권력과 이윤 창출 가능성을 상호 강화하는 방식이다. 연구 참여를 '도덕적 책임'으로 보는 입장의 주요 수혜자는 최소한 단기적으로 연구자, 연구 기관, 공공/민간 연구비 지원 기관, 제약회사다.[11]

임상시험 참여가 '의무'라는 주장은 황우석 사건에서 눈에 띄게 힘을 잃었다. 황우석은 한국의 줄기세포 연구자로, 2005년에 11개의 줄기세포주cell line를 만들었다고 주장했다. 이것으로 종국에는 개인 맞춤형 '예비 장기 키트'를 만들 수 있다고 장담했다. 황 교수의 특수한 줄기세포 기술은 체세포핵치환Somatic Cell Nuclear Transfer, SCNT인데, 이 기술은 엄청난 수의 인간 난모세포가 필요하다. 그의 주장이 허위로 드러났을 때, 관련 분야의 연구자들은 황우석 교수가 그렇게 많은 난모세포를 도대체 어디서 얻었는지 의문을 제기했다. 그들에게 돌아온 답변은 한국 여성들이 국가의 이익을 위해 의무감으로 난자를 기부했다는 것이었다.

그러나 캐나다의 생명윤리학자 프랑수아즈 베일리스 Françoise Baylis[12]가 밝혔듯이, 이는 거짓 구실이었다. 황 교수의 '난자 기부자들' 대다수(75퍼센트)는 현금이나 현물(치료)을 받았다(현금 지급은 연구윤리에서 보통 불공정한 유인으로 본다. 생각 이상으로 큰 위험을 감수하도록 유도할 가능성이 있기 때문이다). 황 교수가 지도한 어느 박사과정 대학원생이 나중에 밝혔듯, 아픈 아이들에 대한 동정심이나 나라를 생각하는 애국심이 동기가 된 측면도 있었지만, 사실 그들은 자신의 커리어를 위해 '기부해야' 한다는 압력을 받고 기부했다.

한국의 보건복지부에 따르면, 황 교수는 총 2221개의 난자를 119명의 여성에게서 얻었다고 한다. 이는 결국 아무 보람도 없는 '기부'가 되었다. 한 병원을 통해 난자를 팔았던 79명의 여성 중 15명은 난소과자극증후군Overian Hyperstimulation Syndrome, OHSS으로 치료를 받아야 했는데, 이 질병은 치명적일 수 있다. 이 중 2명은 세 차례 입원 치료를 받았고, 그중에서도 1명은 난소과자극증후군으로 진단받은 상태에서 두 번째 난자 채취까지 감당했다. 다른 여성들은 이미 불임 치료를 받는 중이었는데, 난자의 일부를 기부한다는 조건으로 (난자 '공여'라고 완곡어법을 썼다) 불임 치료비를 감면받았다. 그러나 황 교수가 더 좋은 상태의 난자를 골라서 연구에 쓰는 바람에 불임 치료를 받던 여성들의 임신 성공 확률은 결과적으로 감소했다.

물론 혹자는 황 교수가 이례적으로 부정직한 연구자였으며, 그가 인폼드 컨센트informed consent(충분한 정보에 기초한 동의를 뜻한다. 이하 '사전동의'—옮긴이) 절차를 거의 무시했다고 반박할 수도 있다. 또한 연구가 실패로 끝났으므로 그 연구가 그르다고 주장하는 것은 불공정한 언사가 될 수 있다. 그러나 변하지 않는 최종 결론은 이것이다. 첫째, 이런 유형의 줄기세포 연구에서는 불임 연구 또는 기타 생식의학 연구에서와 마찬가지로 여성의 생체조직이 필요하다는 사실이다. 둘째, 이타적 참여라는 부담을 과도하게 감당해야 하는 사람들이 여성이라는 사실이다. 과학 발전을 도모하는 일에서 모두가 동등한 이익을 얻거나 동등한 희생을 감당할 수는 없다.

주의할 점이 또 있다. 의생명과학의 오남용 측면을 알게 된 사람들은 연구자들이 '프랑켄슈타인 과학Frankenstein science'을 한다고 비난하기 쉽다. 한편 생명과학이 그릇된 일을 할 리가 없다고 믿는 이들은 사람들이 경험적 증거를 제쳐두고 틀에 박힌 생각에 의존하는 덫에 걸려들기 쉽다고도 말할 수 있다. 실제로 생길 법한 해악을 지적하는 비평가를 공포나 퍼뜨리는 사람으로 몰고, 일반 대중을 잘 속는 무지렁이로 간주해 과학의 합리성 우위를 주장하는 방식이다.

영국의 사회과학자 제니 키칭어Jenny Kitzinger는 〈공상과학 알리바이에 딴지 걸기Questioning the sci-fi alibi〉[13]라는 글에서 대중이 과학적으로 무지하고 감정적이라는 고정관념을 반박했다. 줄기세포나 복제 등 새로운 생명공학기술에 관한 43건의 인터뷰와 20차례의 초점집단 면접을 통해 그가 발견한 사실은, 사람들이 영화 〈쥐라기 공원Jurassic Park〉 때문에 악몽을 꾸기는커녕, '공상과학'이라고 해버리면 그만일 공포를 운운한 데 대해 오히려 미안해한다는 점이었다. 그들이 알고 싶어 하는 것은 따로 있었다. 내가 앞서 생명윤리의 정당한 영역이라고 제시한 바로 그 질문, 즉 '대체 누가 이익을 보는 가?', '누가 해를 입는가?' 그리고 이를 '정의롭게 바로잡으려 면 어떻게 해야 하는가?'의 답이다.

대다수 사람들은 과학이 허락하면 다 해도 좋은지의 문제에 대해 실제로 걱정을 표하는데, 이는 과거에 과학 정책의 실책으로 인식된 BSEBovine Spongiform Encephalopathy(또는 '광우병')나 탈리도마이드thalidomide, 또는 원자력 등을 염두에 둔 것이다. 키칭어의 말대로 "실제 역사가 미래를 그린 소설보다 훨씬 더 강력한 근거"이다. 그는 공상과학의 공포가 철학자들이 [상대가 의도하지 않은 것을 강조하거나 허점을 비판해 자신의 주장을 내세우는 논리 방식을 뜻하는 '허수아비 (공격의) 오류'에서—옮긴이] 말하는 '허수아비'에 해당한다고 결론짓는다. 단순하고 부정확하며 명백히 잘못된 주장을 상대에게 부당하게 귀속시켜놓고, 그쪽을 쉽게 무너뜨리려는 수작이다.

그러나 공정하고 합리적인 논의가 생명공학의 정책 입안에서 이루어지는 경우는 극히 드물다. 2008년 영국에서는 '인간 수정 및 배아발생에 관한 법률Human Fertilisation and Embryology Act'의 개정안을 놓고 공방이 벌어졌다. 양쪽은 극도로 양극화된 언론의 논쟁에 휩쓸렸고, 이는 생명윤리 문제를 다룰 때 무엇을 하면 안 되는지에 대해 확실한 교훈을 남겼다. 토론에 걸림돌이 된 것은 '이종교잡배아cybrids' 또는 '인간동물 교잡배아human admixed embryos' 같은 것이었다. 이는 동물의 난자에 구멍을 뚫어 사람의 유전물질을 삽입하는 것인데, 14일 이상 배양은 금지되었다. 체세포핵치환 연구의 경우 인간의 난자를 엄청나게 필요로 하는데, 이 방식은 그러지 않아도 되므로 아주 중요한 연구 기술이라고 주장되었다. 이 사건에서 반대파에 속한 키스 오브라이언Keith O'Brien 주교는 '프랑켄슈타인'이라는 말을 들먹였는데, 교잡배아의 지지자들은 주교의 발언이야말로 무식의 전형이며, 과학이 하는 모든 일을 막으려는 획책이라고 주장했다. 아울러 이러한 연구에 반대하면 줄기세포 과학 전체를 결국 망치게 된다는 잘못된 인상도 심어주었다.

사실 법 개정안은 결국 이종교잡배아를 허용하게 되었지만, 예상한 결과를 이끌지는 않았다. 영국 의학연구위원회 Medical Research Council는 나중에 이 분야의 대다수 프로젝트에서 지원을 끊었다. 다른 종류의 줄기세포 연구보다 과학적

이종교잡배아 논란 The Great 'Cybrid' Debate

"한쪽에는 검은색 트렁크를 입고 붉은 비레타(가톨릭 성직자들이 쓰는 사각 모자 — 옮긴이)를 쓴 키스 오브라이언 주교가 있다. 그는 스코틀랜드 지역의 로마가톨릭교회 수장이었다. 부활절 설교에서 그는 의회가 심의 중인 '인간 수정 및 배아발생에 관한 법률'이 "프랑켄슈타인 과학 실험에 정부가 지원할" 수 있도록 하는 법이라고 말했다. 다른 쪽에는 흰색 트렁크를 입고 은색 후광을 두른 과학자들의 챔피언이 있다. …… 이는 만화 이야기로 들릴 수 있는데, 그렇게 들린다면 사실이 그렇기 때문이다. 법안을 둘러싼 진지한 윤리적 토론이 비속어가 난무한 싸움으로 변질되는 것보다 더한 패러디도 없다. ……

(세속적인) 생명윤리학자로서 윤리위원회에서 일하는 나는 새

로운 과학적 발전에 대한 윤리적 물음을 던지거나 할 때 '신기술 반대자Luddite'나 '광신도God-botherer'라는 식으로 부르는 것은 전혀 도움이 안 된다는 것을 눈으로 확인했다. 신을 믿느냐 안 믿느냐는 문제와 거의 상관없는 쟁점들을 해결할 필요성이 커진 것이다.

상업화된 의료 환경은 연구자들이 번쩍이는 금전적 이익을 놓고 국제적으로 경쟁할 수 있다는 사실을 뜻한다. 전 세계적으로 민간-정부 협력사업에 막대한 돈이 쏟아진다. 영국의 과학자들도 그들의 몫을 충분히 원하는 것이 당연하다. 국제적인 줄기세포 연구 경쟁에서 영국의 과학자들은 미국의 경쟁자들을 따돌리고 있다. 미국 연구자들은 조지 부시George W. Bush 전 대통령이 그 부문에 대한 연방 지원을 금지하는 명령을 내리면서 연구에 지장을 받고 있다.

…… 따라서 우리는 좀 더 비판적인 태도로 누구의 이익이 걸려 있는지 검토하고, 새로운 과학적 과정이 실제로 얼마나 개연성 있는지 따져볼 필요가 있다. 필수 줄기세포 연구에서 아주 중요하다는 '인간동물 교잡배아'에 찬성하는 입장을 살

펴보자. 사실 지난달 뉴캐슬 팀이 그런 배아를 32세포기에 이르도록 배양했다고 보고했다. 그렇지만 생명을 구하는 수준에 이르려면 아직 갈 길이 멀다. 보수당 의원 마크 프리처드Mark Ptitchard는 다음과 같이 경고했다. "인간 배아줄기세포를 이용해 어떤 질병이든 환자가 치료받은 사례는 단 한 건도 없었다. 이는 거대한 생명공학 업계가 정부로부터 수백만 파운드의 연구비를 지원받으려 할 때 말하지 않고 늘 빠뜨리는 사실이다."[14]

생산성이 떨어진다는 이유였다. 곤란한 질문이 필요한 다른 이유도 있다. 첫째, 가장 유망한 기술이라 해도 기술 옹호자들의 주장을 모두 충족할 것이라고 확신할 수 없다는 사실, 둘째, 가장 정직하다는 연구자들조차 자기 연구에 대해 과대광고를 하게 만드는 제도적·재정적 유혹이 크다는 사실이다.

생명윤리는 반세기 전에 좁은 의미의 생명윤리, 즉 의료윤리에서 출발한 이래로 곤란한 질문을 던지는 일을 해왔다. 초창기 의료윤리 시절의 쟁점은 연명치료에 대한 임상적 의사결정이었다. 첫 번째로 심사한 기술은 신장투석이었다. 1960년대 초에 워싱턴주 시애틀에서 한 위원회가 당시 희소한 자원이던 투석을 누가 받을지에 대한 규칙을 결정하려 했다.[15] 그 위원회는 시애틀 '신 위원회God Committee'라는 조롱섞인 이름으로 불리면서도 심의 방법이나 결과 측면에서 의료윤리 분야에 이익을 가져오기는커녕 오히려 그 반대였다. 교회 출석 여부, 소득, 스카우트 리더 경력 등 사회적 기준에 따라 투석 자격을 부여함으로써 결과적으로 못사는 사람들을 차별했고, 남성에게 세 배나 많이 투석이라는 연명치료를 받을 권리를 주어 여성을 차별했다.

시애틀 '신 위원회'의 결정은 어떤 부분이 잘못되었을까? 바로 기존의 부정의에 도전하지 않고 오히려 강화했다는 점이다. 도덕적 판단을 회피해야 했을 때 그들은 신의 역할을 한 것이 아니다. 아무도 도덕적 판단을 완전히 회피할 수는 없다. 문제는 판단의 내용과 방법이다. 누군가가 신의 역할을 한다고 비난하는 것 자체도 하나의 도덕적 판단이다. 영국의 의료윤리학자 토니 호프Tony Hope가 적었듯이, 우리는 신의 역할이 무엇인지 생각하기 전에 어떤 행위가 옳고 그른지를 먼저 결정해야 한다. 따라서 신의 역할을 하는 것이 특정 판단을 그르쳤다고 말한다면 순환논법의 오류를 범하게 된다.[16]

그러한 주관적 판단을 초월하려는 시도에서, 그리고 린든 존슨Lyndon Johnson 대통령의 '위대한 사회Great Society' (1963~1968)[17]로 특징되는 '사회공학' 운동의 일환으로, 미국의 의료윤리학자들은 어려운 임상적 의사결정을 명쾌하게 해줄 객관적 방법을 개발하려고 노력했다. 당시 새로 나온 인공 연명기술이 환자의 생명을 거의 무한정 늘릴 수 있었기 때문에 말기 의료의 쟁점은 특히 어려운 문제였다. 철학자 톰 비첨Tom Beauchamp과 신학자 제임스 칠드레스James Childress 는[18] 매우 파급력 있는 '의료윤리의 네 원칙'을 내놓았다. 네 원칙이란 자율성, 해악 금지, 선행, 정의다. 사실상 자율성이 가장 우선시되었지만 '원칙주의principlism'는 오랫동안 미국의 의료윤리를 지배했으며, 아직도 미국과 영국의 의대에서 영향력을 구가하고 있다.

그러나 다른 나라들은 이러한 자율성 우선 모델에 대해 오랫동안 매우 회의적이었다. 유럽 최초로 1983년에 국가생명윤리위원회를 설치한 프랑스는 자율성의 존중 대신 취약한 사람들과의 연대solidarity with the vulnerable, 정의, 인간 존엄성을 강조했다. 프랑스는 계속 '앵글로 색슨의 가치관'을 거부했는데, 2011년에 개정된 생명공학 관련 법안에서도 상업적 대리모와 난자 판매를 불법으로 규정했다. 자율성 이외의 가치들은 다른 유럽 국가에서도 우선시된다. 예를 들어 북유럽 국가들은 선택이나 자율성 같은 개인주의적 가치보다는 사회보장과 공동체 결속에 주안점을 둔다.[19] 통가와 뉴질랜드에서는 'ngeia' 존중, 즉 생명 존중 원칙과 같은 전통적 가치를 주장하는 사회활동가들의 운동이 고유한 유전자 자원의 상업화를 시도하는 외부의 접근을 거부해왔다.[20]

더 일반적으로는 글로벌 생명윤리 분야의 성장이 눈에 띈다. 목적은 두 가지로, 첫째는 비서구권에 영향을 끼치는 데도 그간 경시되었던 쟁점을 전면에 부각시키는 것이고, 둘째는 진정으로 보편적인 가치를 둘러싼 합의가 과연 가능한가에 대한 논의이다. 그 외에 강력한 대안으로 떠오르는 목소리가 바로 페미니스트 진영의 비판이다. 이들은 첫째, '관계'적 요소가 자율성 가치에 포섭되어야만 여성들이 인간관계에서 겪은 생생한 체험을 반영할 수 있다고 주장한다. 그리고 둘째, 생명윤리학자들은 여성이 부당한 일을 겪을 가능성에 대해 각성해야 한다고 주장한다. 황 교수의 사례에서는 이러한 사람이 극소수였다는 점을 상기시킨다.[21]

이것이 중요한 까닭은 생명윤리의 기원에서도 찾아볼 수 있다. 여기에는 부정의에 대한 대중의 분노가 작동했다. 1960년대와 1970년대, 생명윤리가 의료윤리의 형태로 등장했던 초창기에 쟁점이 된 부정의의 사례들로 다음과 같은 것들이 있다.

- 뉴질랜드 오클랜드시의 여성병원 사례: 자궁경부에 전암병소(암이 되기 전 단계의 병변—옮긴이)가 있던 연구대상 여성들은 당시 효과적인 개입에도 불구하고 치료를 받지 못했다.
- 미국 앨라배마주 터스키기의 잔인한 연구 사례: 아프리카계 미국 남성들이 걸린 매독을 모니터링하면서도 임상 진료는 일부러 제공하지 않았다.
- 모리스 팹워스Maurice Pappworth가 《인간 기니피그Human Guinea Pigs》[22]에 기록한 영국의 연구윤리 위반 사례: 말라리아 기생충과 암세포, 그리고 소아마비를 유발하는 살아 있는 바이러스를 피험자들에게 일부러 알리지 않고 주사했다.

이런 위반 사례들이 지금도 일어날까? 예전에 비해 훨씬 덜한 것은 사실이다. 윤리와 법이 의대 필수 교육과정이 된 것도 한몫했다. 2001년 영국에서는 사망한 아이들의 조직을 부모 몰래 혹은 동의 없이 보유했던 알더 헤이 병원Alder Hey Hospital 스캔들이 있기는 했다. 그러나 생명윤리가 극단적이고 비전형적인 사례에서 사후 대응만 하는 분야는 아니다. 예견하는 일도 한다. 이를테면 새로운 의생명과학 기술이 언제 어떻게 인권을 위반하게 될지, 또는 취약한 집단을 차별하게 될지 예측한다.

진부하게 들릴 수도 있지만, 몇몇 진보적인 생명윤리학자들이 실제로 진지하게 고민하는 점이 있다. 생명윤리 분야가 권력의 진실에 대한 말하기를 중단하고, 그 대신에 현대의 상업화된 의생명과학에서 기업 구조의 일부가 되고 있다는 것이다. 그런 현상의 일부는 생명윤리가 의대 교육과정이나 윤리 자문역, 국가생명윤리위원회, 언론 보도 등으로 진입하기 위해서 치른 비용이기도 하다. 그러나 미국의 생명윤리 교수 칼 엘리엇Carl Elliott은 다음과 같이 썼다. "생명윤리학자들이 잔소리꾼이나 감시자보다는 신임할 만한 자문역을 맡으면서 그런 사람들과 서서히 닮아가는 것은 그리 놀랄 일도 아니다. 이렇게 되면 타협할 여지가 적어지므로 도덕적 타협이 불필요해진다."[23]

이 말은 과학이 우리에게 던져주는 것을 무비판적으로 수용하는 일에 대한 타당한 경고다. 그러나 우리는 그 반대

34

상황에 대해서도 주의해야 한다. 새로운 생명공학적 발달에 대해 '자연스럽지 않다'는 식으로 광분하는 것이 그 예다. 어떠한 새로운 생명공학이든 잘못된 구석이 있다면 이는 '부자연스럽다'는 말로 끝나는 간단한 문제가 아니다. '부자연스러움' 논변은 '신 역할' 논변과 비슷하다. 양쪽 논증 모두가 자명하지 않은 윤리적 전제에 기대는 방식을 취한다. 사실, 출산 중에 산모가 사망하는 일을 예방하거나 영아 사망률을 줄이는 것도 부자연스러운 일이다. 그러나 우리는 두 가지 사업에 대해 나쁜 일이라고 거부하지 않는다.

> 과학은 한 가지 문제를 해결하면서 예외 없이 열 개 이상의 문제를 야기한다. ―조지 버나드 쇼George Bernard Shaw

사실 어찌 보면 생명윤리는 그것이 분석하는 생명과학과 마찬가지로 "한 가지 문제를 해결하려다 열 가지 문제를 일으키는 듯" 보일 때도 있다. 그러나 이것이 삶과 죽음의 문제에 최선의 지성과 가장 예민한 감정을 동원하려는 시도를 포기해야 한다는 뜻은 아니다. 이 장의 제목은 단지 수사적 질문이 아니다. 혹자는 과학이 허락한 모든 것을 해야 한다고 진심으로 믿는다. 그러나 내가 그런 생각에 동의하지 않음을 독자들은 이미 눈치챘을 것이다. 우리는 그보다는 훨씬 나아 질 수 있다. 어떻게 그럴 수 있는지 앞으로 이어지는 장에서 살펴볼 것이다.

2장

여대생들이여,
난자를 팔아서
첸나이의 밤을 즐겨!

아기를 낳아 가족을 만들고 싶은 사람이
난자를 기증받고 싶어 함.
(대리모가 될 사람이 있는—옮긴이) 인도로 감.
난자 대금은 당연히 현금으로 지급하며
인도를 3주간 여행할 수 있는 경비까지 추가 지급.
스케줄은 학사 일정에 맞추어 조정 가능.
단, 20~29세 여성에 한함.

**노스캐롤라이나주 더럼에 있는
듀크 대학교의 대학신문에 난 광고[1]**

미국 캠퍼스에는 피자가게 광고 외에도 이런 광고가 늘어나고 있다. 이 광고는 사실 '생식의료 관광reproductive tourism'이라는 빙산에서 한 조각이 떨어져 나와 지역사회로 흘러들어온 데 지나지 않는다. 사실 국제적인 난자/정자의 거래와 '대리모' 관련 거래는 루이즈 브라운Louise Brown이 최초의 체외수정In Vitro Fertilization, IVF 임신으로 태어난 이후 30여 년 이상 성업해왔다. 과학이 허락하면 다 해도 된다는 입장을 견지하는 사람은 정치적 자유지상주의자에게 동의할 것이다. 이런 광고가 좀 겸연쩍기는 해도 국내외 어디서든지 난자를 '기증'한 젊은 가임기 여성에게 돈을 지급하는 일은 도덕적으로 잘못된 점이 전혀 없다고 볼 것이기 때문이다. 그러나 반대하는 입장에서는 최악의 오남용을 방지하기 위해 규제가 필요하다고 생각할 수 있다. 즉, 위험할 정도로 많은 난자 배출을 유도하는 무허가 클리닉이나 과도한 호르몬 처방을 규제하자는 것이다. 이보다 더 강하게 비판하는 입장에서는 '생식의료 관광' 일체를 금지해야 한다고 주장한다. 가난한 여성들의 생식력fertility을 구매하는 것과 같은 일이기 때문이다.[2]

이 세 가지 접근의 예는 미국을 포함해 전 세계적으로[3] 찾아볼 수 있다. 그런데 국제적인 생식력 거래fertility trade를 금지하거나 규제해야 한다는 입장의 옹호자들은 현재 엄청난 이윤을 남기는 국제적인 비즈니스 이익에 맞서 힘든 싸움을 한다는 기분을 자주 느낄 수밖에 없다. 이러한 비즈니스 이익에 도전하기 어려운 것은 다음과 같이 단순하고도 강력한 대응이 버티고 있기 때문이다.

- 불임 여성을 진료하는 의사가 대리모 옵션을 활용하지 못하게 하는 것은, 더욱이 대리모가 되겠다는 의향을 보이는 여성이 있는데도 못하게 하는 것은 도가 지나치다.

  — 미국 생명윤리학자[4]

- 못생긴 사람뿐 아니라 누구든 잘생긴 아이를 낳고 싶어 한다. 그리고 매력적인 유전자 풀을 갖고 이기적으로 굴

어서도 안 된다.[5] – 웹사이트 'Beautiful People' 창립자의 말.
이 사이트는 아름다운 여성의 난자와 잘생긴 남성의 정자를 판매
한다.

• 신장이 필요한 사람에게는 신장을 줄 수 있는데, 아기
를 낳을 수 없는 사람에게는 왜 아기를 낳아주면 안 되는
가?[6]　　　　– 현금으로 보수를 받은 미국 출신의 대리모 여성

이러한 진술에는 한 가지 공통점이 있다. 복잡한 윤리적
논란을 개인의 선택이라는 쟁점으로 환원한다는 점이다. 첫
번째 진술은 온정주의를 앞세운 '단박에 쓰러뜨리기 논증
knock-down argument'을 통해 더 이상의 토론을 회피하려 한다.
이런 종류의 논증은 항상 의심스럽다. 내 생각에 생명윤리는
열린 정신으로 질문의 여지를 남기는 것이지, 닫아버리는 것
이 아니다.

두 번째 진술은 자명하게도 출산 결정을 소비자의 선택
으로 본다. 멋지고 스타일 좋은 스포츠카를 가질 수 있는데
보기 싫은 고물차를 택할 사람은 없다. 운이 나쁘긴 하지만
질려버릴 만큼 불운한 것도 아닌데 왜 못생긴 아이에게 만족

해야 한단 말인가. 두 번째 진술은 바로 이러한 생각에서 나온 것이다.

세 번째 진술은 표면적으로 덜 자기중심적이며, 언뜻 이타적으로 보이기까지 한다. 그러나 이 거래가 실제로 선물이 아니라 판매라는 사실을 차치하더라도, 신장 매매를 금지하는 미국에서도 이런 식의 '대리모' 찬성 논변은 한 가지 사실을 간과한다. 신장은 사람이 아니라는 점이다. 이 여성은 자신의 미래뿐 아니라 한 아이의 인생에 영향을 줄 결정을 하고 있는 것이다.

이는 분명해 보이지만 자주 무시된다. 첫 번째 인용문에서와 같은 온정주의paternalism의 논변을 반박할 태세를 갖추고 있기 때문일 것이다. 계약 당사자인 커플과 '대리모'를 제외한 사람의 이익을 도덕적 질문에 포함시킬 경우, 모든 간섭이 온정주의적이라고 주장하는 것만으로는 충분치 않다. 19세기 철학자로서 자유지상주의자들의 존경을 널리 받는 존 스튜어트 밀John Stuart Mill은 이렇게 적었다. "문명사회의 구성원에게 그 구성원의 의지에 반해서 권력을 행사해도 되는 경우는, 타인에게 끼칠 해악을 방지하는 것이 유일한 목

존 스튜어트 밀
19세기 철학자 밀은 타인에게 해를 입히지 않는 한
자유는 중대한 가치라고 생각했다. 이 점에서 아기
판매 또는 '대리모'가 비윤리적이라고 할 수 있다.

적일 때뿐이다."[7] 따라서 자유지상주의자도 인정할 필요가

있는 사실은, 생식세포의 기증이나 대리모 계약 때문에 그렇

게 해서 태어난 아기가 해를 입을 가능성이 있다는 점이다.

온정주의라는 이유로 이 문제를 그냥 배제할 수는 없다.

　'대리모 계약'으로 태어난 아기가 해를 입을 수 있는 경우

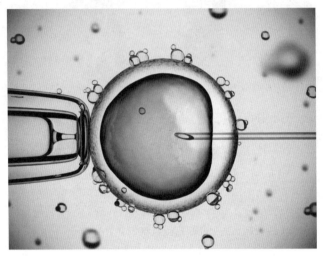

인공적 정자주입

루이즈 브라운이 최초의 체외수정 임신으로 태어난 이후 난자, 정자, 대리모 관련 거래는 30년 이상 성업해왔다.

는 첫째, 커플이 아기의 성별이나 장애 때문에 데려가길 거부해 아기가 부모 없이 남겨지거나, 둘째, 아기를 데려갈 당사자가 '대리모 계약'을 합법으로 인정하지 않는 나라의 국적이어서 아기의 입국이 거부되는 바람에 아기가 무국적으로 남겨지는 경우다. 일례로 이탈리아인 남편과 그의 포르투갈인 아내가 그리스의 한 실험실에서 영국인 '대리모'에게 체외수정을 진행시킨 적이 있었다. 당시 정자는 익명의 미국인 남성이 덴마크의 정자은행에 기증한 것이었고, 난자는 다른 영국인 여성의 것이었다. 계약 당사자인 커플은 성별이 '맘에 안 든다'는 이유로 쌍둥이 여자 아기들을 받지 않았고, 결국 이 아이들은 입양 기관에 보내졌다.

보수를 지급하는 '대리모 계약'이 실시된 것은 비교적 최근이기에 대리모 임신으로 태어난 성인 풀은 아직 없다. 그런데 정자나 난자 기증으로 태어난 젊은이들을 대상으로 체계적인 설문조사와 증언 수집이 이루어진 적이 있다. 영국의 인간 수정 및 배아발생에 관한 법률 관련 당국Human Fertilization and Embryology Authority에서 생식세포 기증자가 보수를 받거나 경비를 더 받아야 하는지를 놓고 실시한 2004~

2006년 조사가 그 예다. "생식세포 기증으로 태어난 응답자들은 경비 제공도 기증자의 동기를 모호하게 만들 위험이 있다고 생각했다."[8]

기증으로 태어난 성인들을 조사한 미국의 보고서 〈내 아버지의 이름은 기증자입니다My Daddy's Name is Donor〉[9]에 따르면, 응답자 중 절반은 자신이 잉태된 상황이 혼란스럽다고 표현했다. 저자 중 한 사람은 이렇게 썼다.

> 우리 생각에, 한 사람의 의학적 또는 사회적 문제를 해결하기 위해 사용하는 선택적 시술로부터 가장 크고 직접적인 영향을 받는 당사자는 시술 당시 동의 절차에서 자신을 위해 아무 말도 할 수 없었던 사람이다. '이 일로 과연 누가 해악을 입는가?'라고 질문하는 윤리적 검증을 앞으로도 고수하는 것이 좋을까? 기증 임신은 우리 연구와 마찬가지로, 그리고 많은 연구가 보여주듯, 그렇게 태어난 사람들이 분명 실제적인 해를 입는다.[10]

생식세포 공여로 태어난 한 영국인은 생식세포 매매를

옹호하는 기사에 반박하는 글을 보냈다.

> 바로 내가 기증받은 정자로 태어난 사람이다. 기사를 보고
> 적잖이 놀랐고 실망스러웠는데, 그 이유 중 하나는 저자가
> 중요한 질문을 고려하지 않았다는 점 때문이다. 이런 계약
> 으로 태어난 아기가 말귀를 알아들을 정도로 자랐을 때 자
> 신의 생물학적 아버지나 어머니가 돈 때문에 그렇게 했다
> 는 사실을 알게 되었다고 하자. 심정이 어떻겠는가? 내 친
> 구들 중에도 기증받은 생식세포로 태어난 이들이 있다. 상
> 업적 관계로부터 태어났다는 사실이 참 비인간적이라는
> 데 우리 모두는 한목소리를 낸다. 불임 치료는 거대 산업
> 이다. 공급과 수요에 의해 통제되는 가격이라는 비즈니스
> 원리에 따라 산업이 운영된다. 따라서 우리는 모두 '상품'
> 인 셈이다.[11]

불임인 사람들을 가임 상태로 만들어주는 일은 현대 '의
생명과학'이 이룩한 진정한 진보 중 하나이지만, 모두에게
동등한 이익이 돌아가지는 않는다. 정의와 착취를 둘러싼 쟁

'생식의료 관광객'을 위한 용어 소개

이 장에서 사용하는 용어는 논란의 여지가 있다. 이는 단지 학문적으로 뱉어보는 불평이 아니다. 윤리적으로 의문스러워 우리가 검토해야 할 일들인데도 겉으로 그럴싸하게 정당성을 부여하는 방식의 용어 사용이 자주 일어나기 때문이다. 그러므로 생식의 생명윤리에서 주로 쓰이는 용어를 나열하고, 용어마다 탐탁지 않은 이유와 생각해볼 만한 대안을 제시하려 한다.

난자 공여자egg donor 난자를 제공한 대가로 여성은 현금 보수를 받거나 불임 치료를 할인받는 등 현물 보상을 받는다('egg sharing'). 이는 매매로 보인다. '공여자'라는 말로 이타적 행위인 것처럼 변장시키는 꼴이다. 1970년 리처드 티트머스 Richard Titmuss가 저서 《선물 관계The Gift Relationship》[12]에서 보여준 영국과 미국의 혈액 기증 체계에 관한 영향력 있는 비교 이래로, 선물이라는 용어가 다소 미심쩍은 방식으로 쭉 사용된 듯하다. 극단적인 예는 상업적 알선기관이 난자를 공급하는 여성을 '공여 천사donor angel'[13]라고 부르는 것이다. '난자 판매자egg seller'는 내가 선호하는 용어다. 적어도 현금 등의 보상이나 '난자 공유egg sharing'(물론 이것 자체도 완곡어법이지만)가 있었다면 말이다. '난자 공급자egg supplier'는 중립적인 대안으로서 진정으로 이타적 행위인 경우까지 포함할 수 있다.

대리모성surrogate motherhood 영어권의 보통법에서는 출산한 경우에만 모성으로 부른다. '대리' 같은 말이 개입될 여지가 없다. 다만 개별 사례에서 이런 원리가[14] 깨지는 추세이기는 하다. 법에서는 착상된 배아가 대리모(또는 출산모)의 난자인지 다른 여성의 난자인지 구분하지 않는다. 물론 몇몇 필자는 두 가지 상황을 구분하기 위해 '완전 대리모성' 또는 '부분 대리모성'이라는 말도 쓴다. '잉태여성gestational carrier'이라는 용어의 필요성도 점점 높아진다. 두 명의 여성 멀리사와 파이에게 'twiblings'(두 명의 대리모가 각각 낳은 형제자매를 뜻하는 신조어―옮긴이), 즉 이란성 쌍둥이 배아fraternal twin embryos를 두 명의 대리모에게 착상시킨 사례를 설명하면서 멜러니 선스트럼Melanie Thernstrom은 다음과 같이 말한다. "나는 '잉태여성'이라는 용어를 쓸 줄 모르는 사람들 때문에 짜증이 났습니다. 특히 의료 전문가라는 사람들이 멀리사와 파이를 '출산모'라든지 '생물학적 어머니'라고 부르거든요. …… 제3자 생식에 대한 모든 것은 '진짜 엄마'가 아니라는 암시가 들어 있어요."[15] 여기서 단 하나 놀라운 것은 선스트럼이 놀랐다는 사실 자체다. 수세기 동안 법적 지위가 그랬기 때문이다. '생물학적 어머니' 자체가 애매한 말이다. 유전자(난자)를 준 어머니를 의미할 수도, 출산모(또는 대리모)를 의미할 수도 있어서다. '계약 임신'이나 '계약 모성'이라는 말을 쓰는 분석가도 있는데, 미국의 많은 주와 유럽 대다수 국가에서 상업적인 대리모 계약은 법적 구속력이 없는 실정이다. 이런 계약은 사실상 계약이 아니라는 말이다. '임신 아웃소싱'이라는 말은 정치적으로 요령 있는 말이지만, 이 경우에도 지불의 대가는 임신이 아니라 아기이므로 이상하다. 그렇다고 돈의 의미가 들어간 표현인 '자궁 렌트'는 건방진 말일 뿐 아니라 전반적으로 틀린 말이다. 대리모 임신은 출산에 따르는 위험과 고통을 수반하기 때문이다. 그나마 아무도 태클을 걸지 못할 말은 '아기 판매'인 것 같다.

생식의료 관광 Reproductive Tourism 듀크 대학교 신문에 실린 것과 같은 광고 문구들이 교묘하게 관광을 빌미 삼고 있는데, 몇몇 비평가들은 불임 부부가 겪는 여러 차례의 시술을 표현하는 말로서는 아주 경박하다고 본다. 영국의 생식의학 전문가 프랑수아 셴필드Francoise Shenfield는 '국외 생식의료 cross-border reproductive care'라는 말을 선호하며, '글로벌 생식산업global fertility industry'이라는 말을 싫어한다. 그렇지만 그녀 역시 유감스러워하면서도 인정하는 불편한 진실이 있다. 그녀는 이렇게 적었다. "우리 생식의학 전문가들이 하나의 산업 브랜드인 것처럼 보인다면, 우리가 사람들에게 보여주는 이미지에 주의할 필요가 있다. 우리가 전문적인 의료집단으로서 일정한 표준에 따라 진료하는 것으로 비치기보다는 돈 버는 기계로 보이는 것이기 때문이다."[16] 셴필드가 '아기 시장'[17]이라든지 '아기 비즈니스'[18]라는 말을 들었으면 더 당혹스러웠을 것이다. 두 단어 모두 유명한 전문가들의 학술 저작 제목에 사용되었고, 저자 중에는 이 단어가 낫다는 사람도 있다. 미국의 법학 교수 마사 얼트먼Martha Ertman도 '아기 시장'이라는 말을 쉽게 쓰는데, 〈아기 시장의 장점The upside of baby markets〉이라는 그의 논문에는 "대다수 사람들은 아기들에게 시장이라니 무슨 말이냐고 반대할 사람도 많다. 그런데 나는 동의하지 않는다. …… 시장 기제가 법과 문화에 색다른 기회를 주어 가족 형성의 방식이 다를 수 있다는 사실을 인식시킬 수 있기 때문"이라고 적혀 있다.[19]

점은 이 장의 중심 문제다. 그리고 정의의 문제에서 늘 그렇듯이, 동등한 존재를 다르게 대하고 있지 않은지 묻는 것이 중요하다. 첫째, 영향을 받는 모든 이해 당사자를 고려한다. 아기와 생식세포 제공자, '대리모'와 계약 당사자 부부가 이 사안에서 모두 연관된다. 그러나 누구를 동등하게 볼 것인가? 또 어떻게 해야 그들을 동등하게 대할 수 있는가?

구매자와 판매자의 협상 지위는 서로 다른가? 어떤 경우가 정당한 생식자율성의 행사이며, 어떤 경우가 다른 사람의 약한 지위를 이용한, 용인할 수 없는 착취인가?

"난자를 팔아 첸나이의 밤을 즐기라"고 유혹받는 미국의 젊은 여성들은 착취의 위험이나 의학적 위험에 놓여 있는 것일까? 아니면 윈윈win-win 상황인가? 여성들은 대학 수업료를 낼 수 있고, 아기가 없는 서구의 부부는 '가족을 꾸리려면 난자 공여자가 필요'하기 때문에? (이런 식의 이타주의 호소는 광고에서 처음 등장하는데, 흥미로운 사실은 현금이나 휴가같이 더 일상적인 유혹은 나중에 나오고 있다는 점이다.) 불임 부부들은 인도의 '대리모들'과 계약을 맺기도 하는데, 이는 인도에서 성장 산업이기도 하다. 인도 정부는 외화벌이를 극대화하기 위해 이 산업의 법적 토대를 굳건히 해주고 있다. 더욱이 인도 여성들에게 이 돈은 남편이 평생 벌 수 있을까 말까 한 액수라면 그들에게 엄청난 이익이 아닐까?

> 나는 영국 부부들과 계약을 맺은 인도 대리모들의 출산을 도운 적이 있다. 한 달에 13명이 넘었다. 대리모들에게 그 정도의 돈은 일종의 인생역전이다. 집안을 일으키거나 딸들을 시집보낼 수 있다. 이 여성들에게는 결단코 착취가 아니다. 정말이지 큰 액수다. 그야말로 잭팟이다. 정서적으로 트라우마를 조금 겪지만, 집으로 돌아가서는 좋은 일을 위해 대리모를 했다는 사실을 깨닫는다.
>
> — 애니타 소니Anita Soni(뭄바이의 선도적 병원에 근무하는 불임 전문 의사)[20]

약간의 트라우마란, 물론 자신이 낳은 아이를 불임 부부에게 건네야만 하기 때문에 생긴다. 그렇지만 여전히 이 여성의 선택이 아니었던가? 대리모 일을 했던 여성들은 거의 대다수가 대리모 클리닉에서 착취가 일어난다는 사실을 부인한다.

> 이건 착취가 아닙니다. 하루에 열다섯 시간이나 유리를 깨
> 뜨리는 일을 해보세요(이 여성이 평소 하던 일이다). 그것이
> 착취입니다. 아기의 부모는 나에게 돈을 주고, 나는 그 돈
> 으로 딸들에게 좋은 결혼을 시킬 수 있어요. 그럴 수 있다
> 는 사실에 내 마음은 엄청난 안도감을 얻고요.
> – 평생 여섯 아이를 낳았고, 아이 낳고 돈 받기는 난생처음인 인
> 도 여성[21]

하루 열다섯 시간 유리를 깨는 일은 착취다. 하지만 그렇
다고 해서 대리모 일이 착취가 아니게 되는 건 아니다(영국 출
신의 세계적인 윤리학자 헤더 위도우스Heather Widdows는 이 일이 엄청
난 착취일 뿐만 아니라 강제적이기도 하다고 주장한다. 신체와 영혼
을 통합할 여지가 전혀 없는 타인의 상황을 악용하기 때문이라는 것이
다[22]). 매춘보다 낫다는 생각도 그렇다. 인도의 불임 전문 의
사가 바로 그런 주장을 펼친다.

일 년 동안 집을 세주는 것과 같은 일이라고 여성들을 설득한다. 우리는 당신의 자궁을 일 년 동안 빌리려 하며, 그러면 닥터 마담이 대가를 지불할 거라고. 나는 그들에게 대리모는 부도덕한 일이 아니라고 말한다. 돈 때문에 이 남자 저 남자의 침대로 가는 것보다 훨씬 낫다고, 매춘으로는 이렇게 많은 돈을 벌 수 없을 뿐 아니라 병이 생길 수도 있다고 말한다.[23]

대리모의 자율성이 실제로는 중요하게 작용하지 않는다는 의심은 몇몇 대리모 클리닉이 사실상 여성들을 감금하다시피 한다고 주장하는 보고서들로부터 비롯된다. 구자라트 소재의 한 클리닉이 자주 인용된다. 여기서 여성들은 9개월 동안 사실상 감금당하며, 병원에서 건강검진을 받는 목적으로만 외출이 허가되고, 8~10개의 침대가 나란히 놓인 2층 방에서 나갈 수 없다. 침대들 사이의 공간은 걸어 다니기도 좁을 정도라고 한다.[24] 그런데 정작 클리닉의 소장은 대리모들이 그곳에서 지내는 것을 즐거워한다고 주장한다. "여성들은 이걸 유급휴가라고[25] 생각한다니까요."(휴가라는 말이 계속 나오는 것도 우습다.)

이외에도 인도의 새로운 법안은 대리모가 되는 인도 여성들의 자율성을 심각하게 제한한다. 법안은 아기를 낳으면 반드시 건네주어야 한다고 법으로 규정했다. 대리모 계약에 아기를 반드시 불임 부부에게 건네줘야 한다는 강제 규정을 넣으면 이 일은 아기 판매와 아주 흡사해지고, 사실상 노예제 같은 형식을 띠게 된다. 이렇듯 옥신각신하는 쟁점이 최근의 생명윤리학 논쟁에서 무시되는 상황은 놀라울 따름이다(1985년 생식보조기술을 둘러싼 영국의 워녹 보고서Warnock report에 일부 포함되기는 했다).

데브라 사츠Debra Satz는 상업적 대리모에 관한 상당히 지각 있고 탄탄한 비평을 보여준다. 그녀는 계약 모성이 아기 판매와 등가라는 주장을 반대한다. 그녀의 주장은 다음과 같다.

이 논변은 흠결이 있습니다. 임신 계약은 아버지들(또는 불임이거나 임신할 수 없지만 어머니가 될 사람들)이 아이에 대해 완전한 소유권을 갖지 못하게 합니다. 아이를 잉태한 데 대해 대가를 지불하긴 하지만, 이때 아이를 상품으로 볼

소유권 property rights

소유권은 법적으로 전부가 아니면 아무것도 아닌, 그런 식이 아니다. 하나의 대상 X에 대한 자격 권한의 묶음과 같다.[26] 우리가 소유권이라는 이름으로 갖는 권리는 그 묶음 중 몇 가지다. 그 묶음은 다음과 같은 것을 포함한다.

- X를 물리적으로 소유할 권리
- X를 관리할 권리, 이를테면 타인이 그것을 어떻게 사용하고 어떻게 파괴할지 결정할 권리
- X를 타인이 수취하지 못하도록 지킬 권리
- X를 판매, 선물, 또는 유산으로 양도할 권리

수는 없는 것입니다. 아버지 또는 어머니가 될 사람은 아이를 그냥 파괴하거나 버릴 수 없지 않습니까.[27]

그러나 사츠의 논변이야말로 결함이 있다. 그녀는 재산을 일원화된 것으로 생각하기 때문이다. 예를 들어 나는 투표권이 있지만 이를 팔 권리는 없다. 마찬가지로, 계약한 불임 부부는 대상 X(아기)를 파괴할 권리가 없지만, 대리모 계약은 그 재산권 묶음에 속하는 다른 권리들을 특정한다. 즉, 물리적 소유권, 관리할 권리, 생물학적 모성으로부터 양육권을 방어할 권리, 그리고 양육권 양도의 권리, 다시 말해 유산을 남겨 다른 사람들을 통해 양육이 지속되도록 할 권리가 있다. (나는 확실히 아기가 물건이 아니라고 생각한다. 그러나 임신 계약에서는 그렇게 다룬다.) 계약 모성을 고용하는 일을 매춘처럼 '서비스'라고 부르기도 한다. 그렇지만 이는 부정확한 말이다. 계약은 임신이 산출하는 아기에 대한 것이지, 임신 과정으로부터 구매자가 사는 이익이나 쾌락에 대한 것이 아니다.

따라서 대리모 계약이 과연 아기를 재산처럼 다루는지, 또 그렇기 때문에 아기 판매에 해당하는지 따져볼 수 있다.

당연히 그렇다고 보는 인도의 대리모 법안은 문제가 있다. 정부가 그러한 계약을 강력히 지지하며, 다른 소유권 분쟁에서처럼 법적 집행이 가능한 사안으로 보기 때문이다. 상정된 법안에서 대리모가 아이를 건네도록 법적 강제를 두는 것은 사실상 다른 계약의 권리에 들어 있는 '특정 이행specific performance' 권리를 초과한다.

사츠가 정확히 지적한 대로, 당신에게 내 집을 페인트칠하는 일에 대가를 지불했는데 당신이 그 계약을 어긴다면, 법은 당신을 끌고 가서 사다리를 타고 올라가 붓을 움직여 집을 칠하도록 강제할 수 없다. 법으로 강제할 수 있는 거라곤 돈을 돌려주도록 하는 것이며, 그 외에 피해보상 등을 강제로 지불하도록 할 수 있다. 이런 사항이 인도의 대리모 여성에게는 통하지 않는다. 법안에서는 아기를 건네주는 것까지 이행해야 계약 사항의 이행을 완료한 것으로 본다. 돈을 돌려주고 아기를 키울 권리의 여지는 남기지 않는다.

이런 식으로 대리모의 자율성을 침해하는 일이 빈번하다는 사실은, 대리모 당사자인 여성이 스스로 착취당하고 있지 않다고 항변할 때 곧이곧대로 받아들여야지, 그렇지 않으면 온정주의적인 태도일 뿐이라는 논변에 강력한 반박으로 작용한다. 이 장의 앞부분에서 이미 다루었던 미래 아이의 이익에 관한 논변은 온정주의 또는 그 변종인 신제국주의를 바탕으로 한 논변에 중요한 제한을 가한다. (이때 신제국주의는 인도의 의생명과학을 향한 서구의 비판이 마치 되살아난 제국주의와 같아 달갑지 않다는 뜻으로 쓴 것이다.) 그러나 여기서는 이 문제를 더 다루지 않겠다. 이 장의 마지막 부분에서 내가 묻고 싶은 것은 다음과 같다. 과연 상업화된 생식세포 제공이나 계약임신이 잘못된 일인가? 즉, 아기의 이익 문제와 별도로, 그리고 여성의 동의와 별도로 그릇된 일이라고 볼 수 있는가?

그릇된 일이라고 생각할 수 있는 이유가 두 가지 있다. 첫째, 신체를 상품화하고 신체를(더 정확히는 신체의 일부를) 거래의 대상으로 바꾼다는 점 때문이다. 종래의 보통법에서 신체는 재산이 아니다. 신체에서 떼어낸 조직은 누구의 소유도 아니다('res nullius'). 사실상 물건이 아니다. 이 입장은 18세기 철학자 이마누엘 칸트Immanuel Kant의 명료한 진술과도 일치한다. 칸트는 그 어떤 것도 인격 또는 사물이지, 양쪽 모두에 속할 수는 없다고 했다. 우리는 인격으로서 신체에 깃들어 있으며 다른 소비재와 같은 사물이 아니라는 뜻이다. 좀 더 현대의 철학자인 모리스 메를로퐁티Maurice Merleau-Ponty의 말로 하면 이렇다.

> 만일 우리 신체가 물건들 가운데 하나라면, 그 물건들보다 강력하고 심오한 의미에서 물건이다.[28]

칸트는 자율성의 중요성을 이야기한 대표적 철학자로 일컬어지지만, 우리가 신체를 단지 목적의 수단이 되도록, 돈벌이의 수단으로서 자율적으로 다룰 수 있는지에 대해서는 분명하게 부인한다. 그것은 자기모순이라고 생각했기 때문이다. 행위자는 자기 자신을 물건으로 다루는 것을 합리성의 입장에서 용납하지 못한다. 그러나 신체에서 잘려나간 부분에 대해서는 칸트의 논변이 문제가 있다. 칸트도 머리카락을 잘라 파는 행위가 미덕에 속하지는 않지만 허용 가능하다고 인정했다.

그렇다면 왜 난자를 팔면 안 되는가? 최고 입찰가를 받고 우리 노동을 파는 일이 허용된다면 계약 임신은 그것과 무엇이 다른가? 계약 임신을 옹호하는 입장에서는 신체와 신체의 노동이 이미 근대 자본주의와 함께 상품화되었다고 말한다. 신체와 신체의 노동이 상품화되었기에 여성은 이미 생식노동에서 소유권이 있으며, 자유시장에서 신체의 노동을 판매할 자유를 통해 해방되었다고 주장하는 사람도 있다. 페미니스트들 사이에서도 의견이 엇갈린다. 아기를 건넬 의무는 여성이 자신의 생식노동에 대한 소유권을 인정받을 때의 단점으로서 존중되어야 한다고 보는 입장이 있는가 하면, 계약임신은 그 자체로 착취라고 보는 입장이 있다.[29]

다른 곳에서도 주장해왔지만, 여성의 생식노동은 거의 인정받지 못하고 가치를 제대로 평가받지도 못한다.[30] 그러나 궁극적으로 나는 전자의 관점(신체를 상품화하기 때문에 반대한다는 주장 – 옮긴이)이 미숙하다고 본다. 이는 상업적 대리모나 난자 공여를 반대하는 두 번째 이유로 이어진다. 여성은 이런 일에 자유롭게 동의하지 않고, 또 자유롭게 동의할 수도 없다. 그래서 강제나 착취에 취약하다. 동의하기 전에 받는 정보가 부족할 때가 많다. 조사에 따르면 인도 여성들 다수는 체외수정이 필요할 수 있다거나 그 때문에 난자의 공여자나 수혜자가 위험해질 수 있다는 점을 모른다. 닥터 마담이 일 년 동안 자궁을 빌리고 싶어 한다는 이야기를 듣는 것만으로는 동의의 요건으로서 충분하다고 할 수 없다.

우리는 의학적 증거 기반의 필요성을 강조하는 시대에 살아가고 있는데도 난자 판매에 관해서는 난자 공여자에게 어떤 위험이 수반되는지 장기적으로 연구한 사례가 드물고, 연구를 기획하려는 시도 역시 거의 없다.[31] 한 연구는 미국의 몇몇 사설 클리닉이 난자 판매자들에게 위험과 관련해 턱없이 부족한 정보를 제공하거나, 심지어 허위 정보를 제공하기도 한다는 점을 보여준다.[32] 우리는 시술에 60시간이 소요될 수 있다는 것, 추가로 난자 배출을 유도하기 위한 약이 생명을 위협하기도 했다는 점, 지급 액수를 규제하려는 미국 전문가 단체의 시도가 널리 모욕당하는 경우가 있었다는 사실을 알고 있다.[33] 이는 그저 첸나이에서 휴가를 쓰고 끝나는 그런 일이 아닌 것이다.

체외수정을 위한 난자를 구하는 일에서 여성이 (불임 치료를 받는 것이든 다른 이에게 난자를 제공하는 것이든) 호르몬을

과량 투여 받아야 한다는 것을 얼마나 많은 사람들이 알고 있는가? 배란촉진제 중에는 미국 식품의약국FDA의 허가를 받지 않은 것도 있다는 사실은 또 얼마나 알까? 가장 흔히 사용되는 약물에 대해서도 수백 건의 입원 치료를 포함한 수천 건의 부작용이 보고되었다는 점은? 그리고 여성과 그 자녀들에게 장기적으로 어떤 결과가 있었는지 아무도 장기적으로 연구한 적이 없다는 사실은? …… 요컨대 감독이 소홀한 틈을 타 불임 산업계가 새로운 기술과 프로토콜을 실험하게 함으로써, 그리고 이러한 새로운 기술들을 무비판적으로 수용해 우리가 여성과 아이들을 위험에 놓이도록 하면서 도덕적·윤리적 선을 넘고 있는 것이다. 더욱이 대중은 선을 넘는 것을 거의 인지하지 못하고 있다. 우리는 이제 새로운 생식보조기술과 유전공학 기술로 생기는 안전 문제나 윤리적 딜레마에 대해 전향적으로, 그리고 심층적으로 비판적 분석을 할 때가 되었다고 본다.[34]

철학자 자라 메거니Zahra Meghani의 주장에 따르면, 이제는 개인의 선택이라는 사안을 이해하기 위해 글로벌 신자유주의와 그에 관련된 정책의 맥락에서 봐야 한다. 이는 민영화, 탈규제, 상업화다.[35] 비정치적이며 어디든 통하게 만들어둔 '선택'이라는 논변에만 기대지 말고 지역적 현실도 이해할 필요가 있다. 페미니스트 그룹 사마Sama 역시 인도의 대리모 산업을 둘러싼 현실을 사회적 맥락에서 이해해야 한다고 주장한다. 사마는 그런 이유로 인도의 대리모 법안에 반대한다. 이 책의 1장 제목에 썼던 문장을 여기서 다시 반복한다. 과학이 허락한 모든 것을 수동적으로 받아들이지 않는 것이 좋다.

의학적으로 가능한 모든 것이 법적으로 꼭 허용되어야 하는 것은 아니다. 법은 사회공학의 도구이고 사회의 모든 부문을 두루 고려해 만들어야 한다. 특히 가장 취약하고 주변화된 사람들을 배려함으로써 착취가 일어날 소지를 막아야 한다.[36]

인도의 대리모 산업 실태를 비판하는 사람들이 신제국주

의적인 온정주의자라는 비난에 대해서도 마찬가지다. '사마'
는 인도의 단체다. 새로운 제국주의자들은 사실 서구의 개인
주의적인 '선택' 이데올로기를 동양으로 수출하는 자들이다.
국가의 복지를 축소하는 신자유주의적 정책은 카스트 계급
상 하위에 있는 인도 농촌 여성들처럼 가난한 사람들(대리모
의 대부분은 이들이다)에 대한 공적 의료를 폐지하고 있으며,
비교적 여유가 있는 미국이나 영국의 학생들까지도 점점 많
이 빚더미로 내몰린다. 인도의 여성들이나 영미권 여학생들
이 자신의 경제적 상황을 개선해보려고 난자 판매 또는 아기
판매를 '선택'할 때 착취 가능성이 있다고 주장하는 것은 온
정주의적인 주장이 아니라 사실적인 주장이다.

　미국의 생명윤리학자 리사 이케모토Lisa Ikemoto가 주장한
것처럼 생명윤리에서 너무나 근본적인 개념인 '선택'은 신자
유주의적 이데올로기에 의해 조용히 변형되어 왔다. 선택은
한때 진정 해방의 논변이었다. 환자들에게 더 큰 권력을 부
여하거나, 여성들이 임신중절을 선택할 수 있도록 자격을 주
었다. 그런데 이제는 생식 생명윤리에서 '자유시장' 이데올로
기의 소품으로 전락했다. 리사의 이야기를 들어보자.

선택과 자율성과 평등 사이의 연결은 자유시장 개인주의의 한 측면으로서 생식 관련 선택을 이해하는 방식으로 재조정되었다. …… 신체의 온전성이나 결정의 자율성, 그리고 평등의 자리를 자유시장 개인주의와 소유권이 대신 차지해버렸다.[37]

1장에서 우리는 연구에 기여해야 할 이타주의적 의무 논변이 영리를 추구하는 회사에 위임된 민간 연구의 정치적 현실을 간과하는 것을 보았다. 여기 2장에서는 자유로운 글로벌 교역이 법적 규제 없이 안정적으로 추진된 결과, '생식의료 관광'이 폭발적으로 증가하는 상황을 살펴보았다. 이는 인도처럼 가장 신자유주의적이고 가장 기술적으로 발달한 개발도상국에서 가장 두드러진다.[38]

어떤 저자들은 이런 진실을 간파하면서도 글로벌 교역을 규제하기만 하면 된다고 생각한다.[39] 법학자 마거릿 러딘Margaret Radin은 다음과 같이 말했다. "우리는 어떤 것의 대가를 아는 동시에 가격을 매기는 일이 불가능하다는 것을 알 수 있다."[40] 다른 학자 케이시 험버드Casey Humbyrd는 이 논리를 확장해, 윤리적으로 문제가 되는 유일한 것은 아이들 머리에 가격표가 있는지가 아니라 어머니들을 공정하게 대하는지 여부라고 주장했다. 그러나 이런 말도 상당히 감상적인 포장으로 들릴 뿐이다. 어머니가 아기를 건네주고 돈을 받았다면 아기가 가격을 매길 수 없는 존재도 아닌 셈이다.

험버드는 우리가 '공정무역' 초콜릿이나 바나나를 먹는 것과 마찬가지로, '공정무역' 아기를 가질 수 있다고 말하는 듯하다. 그러나 아기는 바나나가 아니다. 그들은 사람이다. '공정무역' 사람을 가질 수는 없는 노릇이다.

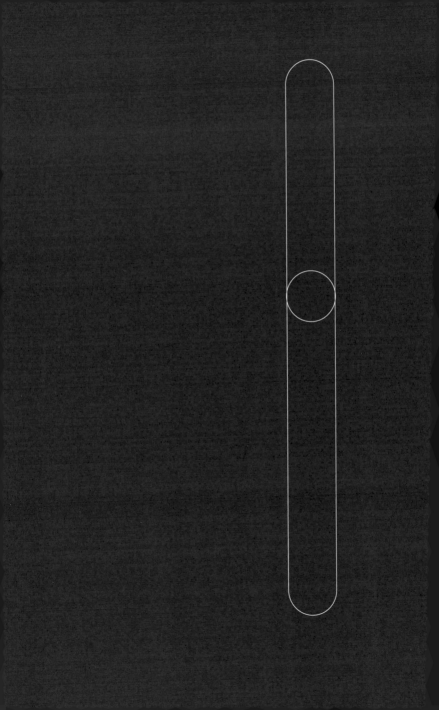

3장

디자이너 베이비,
트랜스휴먼, 죽음과
좀 멀어진 인간

왜 그대로 있나요?
새로운 당신이 될 수도 있잖아요?

영화 〈로보츠Robots〉 중에서

우리가 뭐든 한 가지를 고쳐서 새로운 나를 만들 수 있다고 가정해보자. 즉, 자연적으로 타고난 소질이나 능력을 업그레이드할 수 있다면 어떨까? 그렇게 해서 보통 인간의 능력을 뛰어넘을 수 있다면 당신은 어떤 능력을 갖고 싶은가? 〈로보츠Robots〉라는 영화를 관람하고 나오는 영국의 학생들에게 물어보았다. 이 영화는 생명공학기술을 이용해 사람의 능력을 증강하는 기술이 나온다.[1]

학생들 대다수는 하늘을 날고 싶다고 답했다. 그 나이 때는 나라도 그랬을 법하다(하긴 《해리 포터와 죽음의 성물Harry Potter and the Deathly Hallows》에 나오는 볼드모트가 도움 없이 혼자 날 수 있는 유일한 존재임을 알았기에 더 그러고 싶었을 것이다). 그런데 그중 나이깨나 먹고 철 좀 든 아이들은 질문 자체가 말도 안된다고 답했다.

증강 Enhancement(강화)

증강은 의생명과학을 활용한 정교한 개입으로 정의된다. 이 기술의 목표는 보통 사람들 대다수, 혹은 모두가 전형적으로 지닌 능력을 개선하거나 새로운 능력을 만들어내는 것으로, 신체와 뇌에 직접 개입한다.[2] 이론적으로는 뇌인지자극기술, 약물, 유전자조작 등이 있다. 이런 기술을 자신의 신체에 적용할 수도 있고, 좀 논란이 되는 이야기지만 생식세포 유전자조작을 통해 대대손손 영향을 미칠 수도 있다. 어디까지가 치료이고 어디서부터 증강이라 할 수 있는가에 대한 문제가 논란을 불러일으킨다. 이에 대해 영국의 사회학자 니컬러스 로즈Nikolas Rose는 이제 교정과 치료와 증강을 나누는 기존의 선이 무의미해질 것이라고 경고한다.[3]

보통 사람의 능력 이상으로 업그레이드할지 묻는다면, 난 아무것도 하지 않겠어요. 완벽을 추구하는 것은 지금보다 나아지고 싶다는 욕구 때문이에요. 이 욕구는 끝이 없어요. 중요한 것은 지금 자신의 상황에 만족하는 거예요.

더 어린 어떤 아이는 심각하게 회의적인 태도를 보이기도 했다. 11세 소년의 이야기를 들어보자.

나는 업그레이드 그런 거 하고 싶지 않아요. 지금 있는 모습을 바꾸는 건 옳지 않으니까요. 태어난 그대로 다 특별하잖아요. 누군가 업그레이드하면 남들도 그렇게 하고 싶어 할 테니까 바보 같은 짓이라고요.

이 아이의 생각은 증강에 반대하는 철학자 중 가장 명망 있는 사람의 생각과 같다. 독일 철학자 위르겐 하버마스 Jürgen Habermas는 이렇게 말했다. "증강을 목적으로 하는 인위적 개입은 자율적인 존재로서 근본적으로 평등한 개인의 지위를 침해한다. …… (증강의 혜택을 입은 개인은) 자신의 인생을 독자적으로 만들어내지 못하기 때문이다."[4]

하버마스와 11세 소년이 강조하는 것은 개인의 특별함과 자율성이다. 마크 트웨인Mark Twain의 사망을 둘러싼 보도처럼 애초 상당히 과장되었을 가능성에 주목할 필요가 있지만, 생명공학적 증강이 가능해지면 각 개인의 '특별함'은 줄어들 것이다. 그러나 11세 소년은 하버마스보다 더 나아갔다. 우생학과 연관된 위험 문제를 제기했기 때문이다. "누군가 업그레이드하면 남들도 그렇게 하고 싶어 할" 것이다.

이러한 현상의 증거는 이미 난자 판매에 나와 있다. 미국의 난자 판매 광고가 큰 키, 높은 지능, 금발 머리 등 통상적으로 '바람직하게 여기는' 특징을 내세우는 것을 보지 않았는가. 그러나 이러한 현상과 증강은 나치 정부의 우생학과 어떤 점에서 다를까? 우선 이 현상은 정부의 정책이 아니다. 교묘한 사회공학이 끼어들지 않는다는 뜻이다. 외모나 유전적 소질이 균일한 패턴으로 수렴되는 것은 조정 과정 없이도 일어난다. 수많은 개인의 개별적 선택을 통해서 이루어질 수 있기 때문이다. 증강에 반대하는 사람들이 가장 먼저 떠올리는 생각은 우생학이지만, 이는 사실 공정하지도 정확하지도 않은 비판이다. 가능하다면 누구나 증강할 수 있어야 한다고 강하게 옹호하는 학자가 당당히 자신의 책에 《자유주의 우생학 Liberal Eugenics》[5]이라는 제목을 붙이긴 했지만 말이다.

마찬가지로 '디자이너 베이비'도 맞는 말은 아니다. (미디어에서 너무 과장해) 아기를 주문으로 맞추는 일이 가능한 것처럼 부풀렸기 때문이다. '원스톱 아기 매장'이 캘리포니아와 텍사스 등지에 생겨나는 것은 사실이다. 이는 앞으로 구매자들이 난자와 정자 판매자들의 특별한 소질을 선별할 수 있게 된다는 뜻이다.[6] 이런 현상이 확산된다면, 그리고 금발 머리에 키 크고 음악적 재능이 있을 뿐 아니라 지능도 높으며 운동신경도 발달한 난자 판매자와 정자 판매자들에 대한 선호가 집중된다면 오직 개인의 선택으로 생겨나는 우생학적 현상도 목도할 수 있다. 그러나 한편으로는 우생학적인 틀을 깨는 선호가 나타난다는 증거도 있다. 나치의 잔혹 행위를 고려하면, 아이러니하게도 유대인 여성의 난자에 대한 선호가 특히 높다고 한다.[7]

증강을 선호하는 것과 나치 우생학에는 중요한 차이가 또 있다. 착상전유전자진단 Pre-implantation Genetic Diagnosis, PGD

은 이른바 '디자이너 베이비'를 만드는 데 사용하는 체외수정 관련 기술인데, 그 출발점은 우생학과 매우 다르다. 사회적으로 바람직하다고 여겨지는 소질을 공학적으로 구현하려는 것이 아니라 의학적으로 해롭거나 치명적이기까지 한 질병을 피하려는 것이다(다음 박스 참조). 그렇다면 이제 중요한 차이는 두 가지다. 첫 번째는 사회적 판단과 의학적 판단이며, 두 번째는 바라는 소질을 만들어내려는 적극적 노력과 좋지 않은 소질을 피하려는 소극적 노력이다.

이런 핵심적 차이가 있는데다, PGD는 쉽게 볼 문제가 아니므로 '디자이너 베이비'라는 말은 쓸모없고 경솔한 용어라고 생각한다. 이 말은 여성이 겪어내야 하는 것들을 평가절하한다. 난소과자극, 난자 적출, 수정 후 선별한 배아의 착상, '결함 있는' 배아 제거 등의 위험을 가벼이 여긴다. PGD는 전형적으로 해로운 질병에 걸릴 가능성이 있는 배아를 버리는 것을 의미한다. 따라서 생명이 잉태부터라고 믿는 사람들은 상당한 윤리적 비판을 제기한다. (몇몇 국가에서 PGD를 금지하는 것도 이 때문이다.) 나처럼 생명이 수정 당시에 시작된다고 믿지 않는 사람이 볼 때도 심각한 도덕적 문제가 있는

배아 검사를 위한 기술

PGD는 심각한 유전자 질환 소인의 위험이 있는 커플이 체외수정을 할 때 배아에 그런 소인이 없는지 확인하는 기술이다. 예를 들어 PGD는 낭포성섬유증이나 테이삭스병(유전적 질환으로 아슈케나지Ashkenazi 유대인에게서 주로 발병하며, 두 돌을 맞기도 전에 사망하는 경우가 대부분이다) 등의 소인을 확인하는 데 사용된다. 둘 다 열성 질환으로, 부모의 경우 이 질환과 연관되는 상동유전자(유전적 변이)가 하나만 있어 건강해 보일 수 있다. 그러나 자녀가 부모 양쪽으로부터 상동유전자를 하나씩 받게 되면 질환이 발현될 수 있다. 만약 부모 각각이 이 질환 유전자에 대한 해로운 변이유전자의 소인이 있는데도 질환이 발현되지 않은 경우라면 통계적으로 다음과 같다. 평균 네 개의 배아 중 하나의 배아에서 질환이 발생하고, 두 개의 배아는 부모처럼 보인자carrier가 되며, 나머지 한 배아는 보인자도 환자도 아닌 정상으로 태어날 수 있다. PGD를 통해 기대하는 것은 바로 이 마지막 정상 범주에 속하는 최소 하나의 배아를 만들어 자궁에 착상시키는 것이다.

영국은 PGD를 허용하고 '결함 있는' 배아의 착상을 허용하지 않는다. 그러나 유전적 연관이 있는 청각 장애가 과연 '결함 있는' 상태인지에 대해서는 논란이 있었다. 청각 장애인 집단의 일부 구성원들은 그들 문화의 일부로서 청각 장애 아이 키우기를 적극적으로 선호하기도 했다. 그들에게 청각 장애는 의학적 이상이 아니라 하나의 정체성이라고 한다.[8]

유전적 이상의 소인이 있는 커플의 경우, PGD의 대안은 (아이를 갖지 않고 살거나 유전적으로 관련 없는 아이를 입양하는 것, 또는 자연적으로 임신된 상태를 그대로 둔 채 위험을 받아들이고 임신 상태를 유지하는 것 외에) 이상이 발견되어 임신중절을 하기까지는 임신을 유지하는 방법과 산모의 혈액 검사를 통한 **비침습적 태아 검사법**non-invasive fetal testing이라는 최근 개발된 기술이 있다. 임신의 아주 초기 단계에서 할 수 있는 방법이다. 2010년 12월에 산모의 혈액 샘플만으로 태아의 전체 게놈

(유전체)을 분석 검사해 베타탈라세미아beta-thalassemia(지중해 출신 사람들이 주로 걸리는 유전자 질환으로 '지중해성빈혈증'이라고도 한다)에 걸렸는지 예측할 수 있다는 보도가 나왔다.[9]

그렇다면 덜 심각한 다른 이상은 어떤가? 우리 대다수에게 적어도 6~7개의 부정적인 상동유전자가 있다고 할 때, 태아의 전체 유전자 지도를 만들 수 있다면 거의 모든 태아에게 문제의 소지가 있을 것이다. PGD 개발은 한정된 소수의 커플을 위한 것이었지만, 모든 태아의 유전자 이상을 진단할 수 있게 될 것이다. 미국의 사회활동가이자 비평가인 마시 다노브스키Marcy Darnovsky는 이렇게 묻는다. "임신한 여성과 그들의 파트너가 어떻게 미래에 태어날 아이의 수십, 수백 개 유전적 소인에 대한 검사 결과를 해석할 수 있겠는가?"[10]

이 모든 것은 커플이 이미 자기들 중 누가 자녀에게 심각한 유전자 질환을 물려줄 위험이 있는지 아는 상황을 가정하고 하는 말이다. 따라서 **전국민게놈(유전체)검진**whole-population genomic screening이 과연 바람직한가라는 쟁점이 대두된다. 2011년 4월 영국 인간유전자위원회Human Genetics Commission

는 이 쟁점에 대해 결론을 내렸다. "그 검사를 하지 말아야 할 윤리적 이유는 없지만, 그렇게 해야 한다고 적극적으로 옹호하는 결론을 내리기도 아직 이르다."[11] 그러나 선례가 있다. 사이프러스(키프로스)에서는 전체 인구집단에 대해 모든 부부가 지중해성빈혈증 진단검사서를 발급받도록 하는 사업을 실시했다. 양성 진단이 나온 커플도 결혼은 허용되었지만, 출산 전 진단과 중절을 선택하는 커플이 많았고, 마침 뜻하지 않게 그리스 정교회도 이를 허가했다. 이때 정치학적 논변이나 경제학적 논변이 세를 과시했다. 만약 그런 조치가 없었다면 국가의 전체 보건 예산을 지중해성빈혈증에 40년 동안 쏟았을 거라는 예측이 나온 것이다.

것이 사실이다.

배아를 선별하는 일에서 '의학적' 동기가 고원에 자리한다면, 분명 '사회적' 동기의 어두운 수렁도 있을 텐데, 그 두 지대 사이에 성 감별의 영역이 위치한다. 그 경계선에 혈우병이라는 성별 연관 질환이 있는데, 정상적으로는 소년들에게서 질환이 완전 발현된다. (혈우병 역시 열성유전 질환인데, X 염색체상의 돌연변이와 관련이 있다. 여성들은 두 개의 X 염색체가 있는데, 남성은 X 염색체와 Y 염색체가 있다. 따라서 문제가 있는 상동염색체가 유전될 경우 소녀들은 남은 X 염색체의 보호를 받을 수도 있지만, 소년들은 그럴 수 없다.) 이런 문제라면 다른 문제에서 비롯된 성선택보다는 정당하다고 볼 수 있다. 다른 이유란 '가족계획상' 골고루 낳고 싶다거나, 역사적으로 남아를 선호하는 것과 같은 문화적 이유다. 생식자율성을 강력히 옹호하는 입장에서는 성선택에 대해 의학적 선택과 사회적 선택 양쪽을 자유로이 허용해야 한다고 주장한다.

그러나 생식자율성 논변은 항상 그렇듯이, 개인의 선택에 따른 사회적 결과를 무시하거나 피할 수 없다. 인도에서는 성 감별 기술이 점차 널리 보급되면서 여아 임신중절에 대한 가족의 압력이 커진다. 아시아 전역의 '광범위한 성선택 현상'의 이면에는 남아 선호와 가족의 압력이라는 이유가 있으며, 이로 인해 사라진 여성 인구만 5000만 명이라는 보고도 있다.[12] 성선택 임신중절을 법으로 금지하는 법안은 실제로 집행된 적이 거의 없고, 성 감별과 그에 따른 임신중절이라는 수익성 높은 거래가 계속 부상해왔다. 심지어 선진국에서도 이 일은 통제 불능이다. 캐나다에서는 흔히 '가족 성별 균형'을 내세운 성 감별 임신중절 수요가 아주 많다. 이 때문에 생명윤리학자와 의사, 심지어 임신중절의 권리를 옹호하는 의사들도 최근 들어 태아의 성에 대한 정보를 의사들이 늦게 제공하는 것이 좋다고 권장한다.[13]

이 쟁점과 관련해 페미니스트들은 딜레마에 봉착했다. 여성들에게 임신중절에 대한 자유로운 선택권이 있어야 한다면, 자유로운 선택의 범위가 사회적 이유로 여아를 중절하는 데까지 확장되어야 하지 않는가? 그러나 이는 과연 자유로운 선택인가, 아니면 압박에 따른 선택인가? 한편 여성 인구가 줄어들어 해를 입은 여성이 실제로 있는가? '잃어버린 5000만의 여성'은 아예 태어나지 못했는데 어떻게 해를 입었겠는가?

다시 한번, 과학이 허락했다면 생명공학기술로 다 해도 되는가라는 질문으로 돌아가보자. 과연 어느 지점에 선을 그을 수 있겠는가? 이익과 해악의 비중을 따지면, 치명적인 질병으로 고통에 시달릴 가능성이 높은 아기의 출생을 예방할 소극적 의무가 있다고 생각하는 것이 합당해 보일 수도 있다. 의학적 목적의 성 감별도 이런 부분에 속한다고 할 수 있다. 그러나 사회적인 성 감별은 건강한 여성, 불임과 관련된 문제가 전혀 없는 여성에게 체외수정이라는 과정을 견디도록 만든다. 체외수정은 통증과 난자 적출, 그리고 배아착상에 따르는 비용과 위험을 감내하며 아기의 성을 선택하는 것이다.[14]

설령 당사자 여성에게 이런 위험을 감수하겠다는 의향이 있고, 이에 대한 가족이나 사회의 압력이 없다 하더라도 의사들이 그들을 이러한 위험에 노출시키는 것이 옳은지는 별개의 문제다. 예로부터 의사의 첫 번째 의무는 "환자에게 해를 끼치지 않는 것"이다. 그리고 이 의무를 다른 어떤 의학 외적인 이익보다 우선적으로 고려해야 한다. 그러나 가부장적인 사회에서 의사들은 여아를 중절하겠다는 여성의 요청에 동의하는 것이 여성을 가족들에게서 받을 해악으로부터 보호하는 일이라고 생각할 수도 있다. 이런 사회가 제3세계에만 있는 것도 아니다. 영국의 산부인과 의사가 자기 환자들에 대해 같은 주장을 하는 것을 들은 적이 있다.

이러한 가부장적인 사회에서 남아 선호가 미래의 아이들에게 더 나은 삶의 기회를 주는 것이 아니냐고 말할 수도 있다. 이는 이상하게도, 그리고 혐오스럽게도 호주의 생명윤리학자 줄리언 사블레스쿠Julian Savulescu가 옹호하는 윤리적 요구[15]와 맞아떨어진다. 그는 동의하지 않을 수도 있겠지만 말이다. 그는 성인에게 적용하는 증강기술의 선구적 옹호자로서, 유전자 검사를 활용해 미래의 모든 아이들에게 최선의 삶을 살 최대의 기회를 주어야 한다고도 (상당히 일관되게) 주장한다. 사실 그는 한 발 더 나아가, 부모가 그렇게 하지 않는 것이 비윤리적이라고 말할 정도다.

사블레스쿠는 유전자 특성상 최적의 상태로 태어나지 않은 어떤 아이가 그 때문에 해악을 입었다고 주장하지는 않는다. 이는 비논리적인 말이기 때문이다. 그 아이는 다른 유전자 특성을 지니고 태어날 가능성이 없었기 때문이다. 하지만 그는 여전히 이렇게 주장한다. 부모는 가능한 한 최선의 아이를 출산할 '생식상의 선행의무procreative beneficence'를 진다. 그는 철학적 공리주의자로서 어떻게 하면 복지 총량을 최대화할지의 문제에 골몰하는 사람이다. 복지 총량의 최대화를 위해 그는 아이의 존재가 인류의 복지 총량을 감소시킬 것을 알면서도 낳는 일은 허용되지 말아야 한다고 주장한다.

그러나 사블레스쿠는 사실상 감당이 불가능한 요구를 하고 있다. 즉, 억압적이고 강박적인 공리주의 체제다. 그러한 비평가 중 한 사람인 미국 변호사 찰스 프리드Charles Fried는 다음과 같이 말한다.

> 공리주의자들에게 단 하나의 옳은 일이 있다면, 매 순간 모든 가능한 방법으로 최대 다수의 최대 행복을 추구하는 것이다. 이를 한순간 멈추거나 차선에 안주하는 일은 그 의무를 불이행하는 것이다.[16]

가능한 모든 유전자 검사를 하지 않는 것은 차선의 아이

공리주의

결과주의라는 더 넓은 윤리학의 갈래에 속한다. 결과주의는 행위의 도덕적 가치를 그 행위가 가져온 이로운 결과와 해로운 결과를 통해서 판단한다. 현대의 대다수 공리주의적 결과주의자들이 극대화하려는 것은 공공복지다. 그런데 18세기의 철학자이자 공리주의를 창시한 제러미 벤담Jeremy Bentham을 포함해 다른 공리주의자들은 쾌락과 행복을 강조해왔다.

에 만족하는 일이 된다. 사블레스쿠의 입장을 실제 의학에 적용하면, 임신 때마다 여성들은 체외수정을 하거나 착상전 진단의 부담을 져야 하고, 이 과정에서 가장 좋은 배아들을 선별했다가 최적이 아닌 태아의 중절을 감당해야 한다. 여기에 유전자 검사 자체의 위험도 추가된다. 비침습적인 태아 검사의 경우 덜하지만, PGD에서는 심각한 위험이 따른다 (체외수정이라는 과정이 필요하기 때문이다).

양수천자에도 위험이 있다. 양수천자는 임신 제2삼분기에 여성의 복강을 통해 주사기로 양수 표본을 취해서 태아에 이러저러한 이상이 없는지 검사하는 것이다. 사블레스쿠는 〈개인의 선택? 아버지로서 의사가 보낸 편지Parental choice? Letter from a doctor as a dad〉라는 글에서 자신과 아내는 위험 회피 성향이 강하고 분명 양심적인 예비 부모이지만, 양수천자는 하지 않기로 결정했다고 말했다. 그 검사로 이상을 발견해 임신중절을 하는 빈도보다 오히려 양수천자 시술 자체 때문에 자연유산이 발생하는 빈도가 네 배나 높다는 사실을 알게 되었기 때문이라고 한다.[17]

힘들고 위험하기까지 한 검사를 해야 한다는 압박감을

여성들이 느낀다는 보고가 이미 나와 있다. 양수천자 검사를 거절한 여성 중 조애나 리처즈Joanna Richards는 다음과 같이 적고 있다.

> (다운증후군을 갖고 태어나 심장 수술로 뇌 손상 합병증까지 앓는) 사스키아를 낳았을 때 사람들은 나에게 "왜 검사를 받지 않았느냐?"고 질문했다. 어쨌든 당시에는 이런 질문이 무엇을 함축하는지 딱히 와 닿지 않았다. 그런데 이제 와 돌아보니 얼마나 가치판단적인 질문이었는지 정확하게 느낀다. 그 질문은 이런 것이다. "검사를 받았어야 했다. 그랬으면 중절하지 않았겠는가? 이 아기를 낳은 것은 도덕적으로 그른 일이다."[18]

'가능하면 최선의 아이'라는 사블레스쿠의 입장은 어머니에게 부담을 안길 뿐 아니라, 과연 아이에게 좋은 삶이란 무엇인지를 둘러싼 빈약한 통찰도 드러낸다. '생식상의 선행의 무'라는 개념에 대해 내 동료인 마이클 파커Michael Parker는 다음과 같이 대응했다.

좋은 삶, 최선의 삶, 인간의 번영과 같은 아주 복잡한 개념들은 태아를 검사해 확인할 수 있는 몇 가지 요소들로 환원될 수 없는 것들이다.[19]

파커의 지적은 정곡을 찌른다. 이 점은 흔히 증강을 옹호하는 사람들이 못 보고 지나치는 부분이기도 하다. 우리가 지능을 구성하는 유전자들을 확인하는 방법, 그리고 지능을 증강시킬 신뢰성 있는 어떤 방법을 갖게 된다 한들, 필연적으로 더 지혜롭고 번영하는 인간을 산출하리라는 보장이 어디에도 없다. (지능과 지혜가 꼭 반대는 아니지만, 그렇다고 같은 것도 확실히 아니라는 생각이 지난 40년간 학계의 의견이었다.) 프랑스 철학자 미셸 르 되프Michèle le Doeuff는 더 심오한 질문을 던졌다. 지능이란 과연 물려받는 자연적 소질인가, 아니면 삶을 경험하며 스스로 만드는 소질인가? 그녀가 (지능적으로) 밝히듯이, "지능은 그냥 받는 것이 아니라 우리가 직접 만들어내는 어떤 것"이다.[20]

미국의 철학자 앨런 뷰캐넌Allen Buchanan은 자신이 직접적인 '증강 옹호론자'가 아니라 '증강 반대론에 반대하는 사람'

일 뿐이라고 말하는 자칭 신중한 중도파다. 그는 우리가 어떤 개선을 이루어내든 그것이 진정한 발전인지, 비가역적 재난은 아닌지 확신할 수 있을 만큼 우리의 지능이 충분히 높지 않다며 증강에 대한 우려를 일축한다. 이 말은 난제를 그냥 해소해버리는 입장보다 상당히 정교한 입장임에 틀림없다.

당신에게 좋지 않으면, 그저 증강이 아닌 것이다.[21]

그는 우리 인류가 무엇이 이익인지 결정하는 일에 서툴렀다는 역사적 사실을 인정하면서도, 이 사실은 증강의 반론이 아닌 옹호론의 논지라고 말한다. 우리의 갖가지 인지적 편견이나 판단의 오류들을 놓고 볼 때, 그는 상황이 좋아질 수밖에 없다고 생각한다.

여기서 난관은, 증강을 고안해야 하는 사람들이 바로 혼란스러운 현재의 우리 자신이라는 점이다. 여러분은 이들을 기억해두라. 이들은 생각이 너무 막연해 근본적인 도움이 필요한 자들, 행여 후손의 게놈(유전체)에 비가역적 변화를 일으킬 수도 있는 사람들, 또 일이 잘못되면 기술적 교정을 추구하는 경향이 있고 증강 또한 기술적 교정으로 하는 것이 아니라면 하등 가치가 없다고 치부하는 사람들이다. 뷰캐넌은 스스로 이런 추론의 먹잇감으로 전락한 듯하다. 지구 온난화 때문에 극도로 요동치는 기후와 기온을 잘 견디는 능력도 진정한 증강의 일례라고 한 것을 보면 그렇다. 이에 대해 빤한 대꾸를 하자면 다음과 같다. 그래도 지구 온난화에 맞서 필사적으로 최후의 시도를 해보는 것은, 우리를 이런 난장판으로 데려온 기술적 자만심이 우리를 다시 이 난장판에서 꺼내줄 거라고 믿는 것보다 낫지 않은가.

이와 유사하지만 훨씬 더 곤란한 문제도 있다. 기술을 엄청나게 적용해서 만들어낸 트랜스휴먼 또는 포스트휴먼의 지적 능력과 도덕적 감수성이 어떨지 예측할 수 없다는 것이다. 올더스 헉슬리Aldous Huxley의 《멋진 신세계Brave New World》에서는 도덕적 통찰 또한 증강된다. 지금도 레이저로 눈 수술을 받으면 시력을 증강시킬 수 있듯이 말이다. 옷소매에 도덕적 신념을 장착하는 방식도 있겠지만, 미래의 포스트휴먼 시민은 아예 '소마' 알약으로 휴대하고 다닐 수도 있다. 무스타파 몬드Mustapha Mond라는 캐릭터가 설명하듯이, "누구든 지금은 도덕적인 존재가 될 수 있다. 최소한 절반의 도덕성을 병에 넣고 다닐 수 있으니 말이다. 눈물 없는 기독교 신앙. 소마란 바로 그런 것이다."[22]

그러나 도덕적 통찰이라는 것이 이러저러한 방법으로 증강이 가능한 능력일까? 새로이 '증강된' 사람들이 우리에게 적대적으로 굴면 어떻게 해야 할까? 증강을 비판하는 사람들은 '증강된' 포스트휴먼이 사회적으로 강력한 엘리트가 되어 증강하지 않은 하위 계급을 배려하지 않는 위험이 발생할 가능성을 강조한다. 우리에게 이런 일이 일어날지 알 수 없다고 한 뷰캐넌의 말은 옳다. "생명공학으로 종국에는 너무나 급진적인 증강이 가능해지면서 증강된 존재들을 위한 좀 더 상위의 도덕적 범주가 요청된다 할지라도, 증강하지 않은 존재들의 도덕적 지위가 축소되지는 않을 것이다."[23]

이는 우리가 현재 보편적인 것으로 받아들이는 인권의 개념에서 보면 완벽하게 맞는 말이다. 그러나 '포스트휴먼'이 도덕적 지위에 대해 어떤 판단을 내릴지 예측하기란 불가능하다. '우월하도록' 공학적으로 조작한 존재들이기 때문에 반드시 너그러울 것이라고 할 수도 없다. 미국의 생명윤리학자

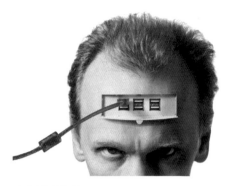

이것이 증강일까?

조지 아나스George Annas는 '자연 상태보다 개선된' 포스트휴먼들은 불가피하게 '자연 상태의 인간들'을 열등하다고 간주면서 착취와 예종, 심지어 멸종에 적합한 열등한 종으로 치부할 수 있다고 경고했다.[24] '불가피하게'라고 말했지만, 사실 미리 입증할 수는 없다. 그러나 실제로 이런 위험을 무릅쓰길 원하는가? 뷰캐넌도 다음과 같이 인정했다. "인종차별의 역사, 그리고 정신질환자들을 어떻게 대해왔는지의 역사를 돌아볼 때 그것(이러한 우려)을 가벼이 여겨선 안 된다."[25]

다음 장에서 보겠지만, '우리는 유전자다'라는 믿음은 틀렸다. 우리는 유전자로만 결정되는 존재가 아니기 때문이다.

그러나 중요한 무언가는 공통의 게놈(유전체)에 의해 좌우되는 듯 보인다. 즉, (증강하지 않은) '우리처럼 흔하고', '모두에게 공통적인' 게놈이다. 우리 각자는 게놈을 바꿀 권리가 있지만, 전체 종에 대해 그럴 권리가 주어지는 건 아니다. "개인의 정체성에 대한 권리는 개인이 자신의 게놈을 변화시켜 얻는 이익을 정당화하는 반면, 정체성에 대한 집단적 권리는 인간 게놈의 보존을 둘러싼 전 지구적 관심을 옹호하는 것으로 봐야 한다."[26]

시장 사회는 개인주의적이지만 그나마 사회연대가 남아 있는데, '트랜스휴먼'이 출현하면 그마저도 사라질 위험이 있다. 미국의 철학자 마이클 샌델Michael Sandel은 다음과 같이 말한다.

성공한 사람들이 풍요롭게 살아가도록 만드는 자연적 재능은 노력으로 얻은 것이 아니다. 도리어 그들은 유전학적 제비뽑기에서 운이 좋았던 것이다. 만일 우리의 유전학적 재능이 선물일 뿐 권리를 주장할 수 있는 업적이 아니라면, 생각해보자. 우리가 시장경제에서 거두는 풍요로움 전체에 대해 마땅히 누릴 자격이 있다고 생각하는 것은 잘못이고 오만이다. 따라서 자기 잘못이 아닌 이유로 그런 재능을 갖지 못한 사람들과 그 풍요를 나눌 책임이 있다.[27]

샌델의 세계관은 '나는 내가 될 수 있는 최선의 나'일 책임이 있다는 개념과 상당히 거리가 멀다. '최선의 나'란 곧 '우리가 가능한 한 최선의 아이'를 출산해야 하는 것과 같은 '증강'이다. 샌델은 개인주의적 관점 대신 사회정의를 강조한다. 물론 부유한 사람은 이미 가난한 사람보다 월등한 건강을 누리며, 이는 국내적으로나 국제적으로나 마찬가지 현상이다. 그러나 부정의가 '존재한다'는 사실이 '추가적인' 부정의가 있어도 '된다'는 결론을 함축하지는 않는다. 증강기술도, 배아를 조작 또는 검사하는 기술도 모두 부유한 사람들과 부유한 국가들이 독점할 가능성이 크기 때문이다. 만일 그 가능성이 실제가 된다면 세계는 디자이너 베이비와 트랜스휴먼, 열등하고 필멸하는 존재들의 세상이 되고 말 것이다.

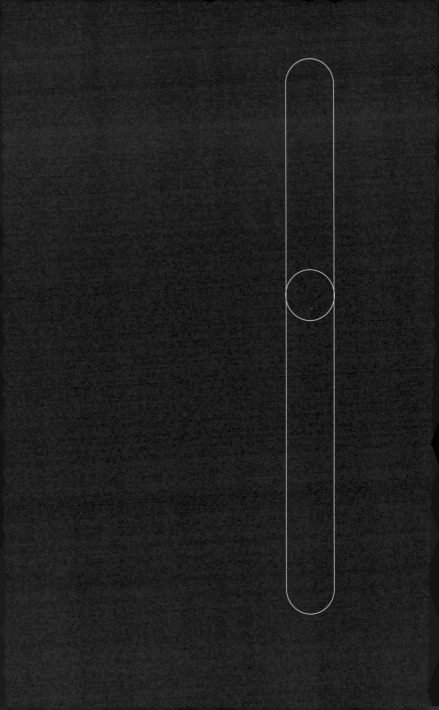

4장

우리가 유전자라고?

여성의 생식을 둘러싼 생물학적 신비는 난자 시장과 임신 아웃소싱으로 사라지고 있는 반면, 유전학은 그 신비감을 최고조로 누리고 있다. 1995년 도로시 넬킨Dorothy Nelkin과 수전 린디Susan Lindee가 자신의 책《신비에 싸인 DNA: 문화적 아이콘이 된 유전자The DNA Mystique: The Gene as Cultural Icon》에서 하는 말을 들어보자.

기독교의 영혼이 인격, 그리고 자아의 연속성을 이해하기 위한 일종의 원형적 개념으로 작용했다면, DNA는 대중문화에서 영혼과 유사한 실체로 둔갑하거나, 어떤 불멸의 거룩한 샘물과도 같은 분위기를 띠고 있다. …… 그것은 생물학적 결정론의 내러티브에서 본질적 실체, 즉 진정한 자아의 위치로서 자리매김해왔다.[1]

유전자 결정론은 넬킨과 린디가 말한 생물학적 결정론의 일종에 지나지 않는다. 인종이나 성이 운명을 결정한다는 믿음도 생물학적 결정론에 속한다. '유색인은 육체노동에 적합하다'거나 '여성은 커리어에 대한 야망을 모성 또는 돌봄 직업에 국한시켜야 한다'는 인식이 그렇다. 물론 이런 관점도 여전하긴 하지만 예전보다는 세력이 약해져 그나마 다행이다. 그런데 유전자 결정론은 끈덕지게 자리를 지키는 듯 보인다.

우리 각자의 자아정체성을 유전자가 결정하는 것으로 단정 짓는 경향이 대중과 언론에서 끈질기게 이어지고 있는 것은 확실하다. 행여 '과학적 개연성이 가장 떨어지는 유전자 Least Scientifically Plausible Gene' 상이 있다면 최근 새로 '발견된' 신용불량자 유전자[2]나 무모한 독재자 유전자,[3] 선거에서 규칙적으로 투표하는 유권자 유전자 등이[4] 후보에 오를지도 모른다. 사실 이 세 유전자형과 해당 형질의 상관성은 그나마 최소한의 과학적 근거가 있는 편이다. 그러나 미국의 보수 성향 칼럼니스트인 마이클 메드베드Michael Medved가 말한 '미국 예외주의 유전자'는 전적으로 추측에 근거한다. 그는 이렇게 적었다.

오늘날 국제경제의 무자비한 경쟁 속에서 미국은 어디에
도 없던 강력한 힘의 우위로 유리한 고지를 차지했다. 이
는 바로 미국 DNA를 통해 유전되는 최고의 공격력이다.[5]

메드베드는 계속해서 "대서양을 항해하는 위험까지 기꺼
이 짊어지려 한 미국 이민자들의 의도적인 선택에는 뭔가 유
전적인 요소가 있었을 것이다. 그리고 그 유전적 요소는 여
전히 그 후손들에게 큰 도움이 되고 있을 것이다"라고 주장
한다. 이런 그가, '중간항로Middel Passage'의 악마들에게 속박
당해 자기의지와 상관없이 아프리카 대서양을 가로질렀던
사람들, 즉 오늘날 아프리카계 미국인의 '노예' 조상들과의
대비에 대해서는 눈 하나 깜짝하지 않는다.

어느 국민보다도 특별하고 단결력이 강하며, 어떠한 위험
이든 감수하는 국민성을 만든 것이 바로 미국 DNA인데,
이 개념은 우리가 겪는 가장 구태의연하면서도 고통스러

운 인종 분열도 설명할 수 있다. 이곳을 선택해서 온 다양한 국적의 이민자들 후손과, 자신의 선택이라고는 전혀 없었던 집단 후손들 간의 분열을 말한다. 강제로 붙잡혀 고향을 등지고 와야 했던 아프리카계 흑인 노예들의 엄청난 고생에서는 위험을 감수하는 유전적 성향이나 개인적 소질에 의한 자기 선택 같은 것을 전혀 찾아볼 수 없다. 그러나 현재 미국의 아프리카계 미국인들에게는 이렇듯 극명히 다른 역사적 배경이 그다지 결정적 영향을 끼치지 못하는데, 노예의 후손인 흑인 이민자들의 거대한 물결 때문이다.

마지막 문장은, 원래 아프리카의 피가 희석되었기 때문에 현대 아프리카계 미국인들에게는 위험을 감수하려는 더 좋은 유전적 소질이 있을 수 있다는 의미다. 그러나 그는 여전히 '유전자가 우리다'라는 논리를 벗어나지 못한다. 이는 유전자가 변했다는 말이지 유전자가 정체성과 행동의 근본이라는 데 대한 자신의 생각이 변했다는 말은 아니다.

굳이 오래 면밀히 생각하지 않더라도, 이런 입장에는 인종 정의를 둘러싼 '현재 상황 불가피론'이 내포되어 있음을 알 수 있다. 당신이 유전적 배경 때문에 행여나 이해하지 못할까 봐 메드베드는 설명이랍시고 이런 말까지 한다. "버락 오바마Barack Obama 대통령이 의욕적으로 미국에 적용하겠다는 유럽 스타일의 복지국가와 중앙 통제식 경제정책은 미국인이 가장 자랑스러워하는 정치적·경제적 전통에 배치된다. 그뿐 아니라 미국 DNA에 나타난 새로운 계시들은 이렇듯 주연배우가 잘못 캐스팅된 행정부야말로 우리 본성에 반하는 것일 수 있음을 보여준다"고 말한다.

비평가들은 메드베드의 이러한 입장이 '미국 예외주의'를 보여주는 일례라고 보았다. 미국 예외주의란 미국이 그 어떤 나라와도 다르다는, 즉 우월한 나라라는 토대 신화를 말한다. '유전학 예외주의', 즉 과학 중에서도 유전학에는 다른 분야와 달리 무언가 심오하고도 특별한 것이 있다는 생각은 미국 예외주의를 지지하는 근거로 자주 거론되곤 한다. (물론 영국, 중국, 프랑스, 아일랜드 같은 나라들도 자국 나름의 예외주의를 믿는다. 자국이 예외적이라는 믿음이 없는 나라가 예외적이라 할 수 있을 정도다.)

따라서 메드베드의 주장은 우리의 깊은 자아정체성을 유

전자가 결정한다는 야심찬 생각, 즉 영국 생명윤리학자 루스 채드윅Ruth Chadwick의 말을 빌리면 '유전자가 우리'라는 생각 너머로 나아간다.[6] 사실상 그는 이 문제적 주장을 확장해 국가로서의 미국 전체는 DNA가 결정하고, 미국의 인종 중 최저 수혜 집단인 아프리카계 미국인은 앞으로도 계속 불이익을 피할 수 없다는 주장으로 나아간다. [또 다른 수혜 집단인 '퍼스트 네이션First Nation'(원주민 단체—옮긴이)의 사람들에 대해서는 거론조차 하지 않는다. 추정컨대 그는 아마 속으로 원주민들이 계속 같은 곳에서 살아왔기 때문에 '상황을 돌파하는 유전자'가 없다고 생각할 것이다.[7]]

메이플라워호에 승선한 조상들이 지녔던 유전자, 즉 바깥세상으로 나가려는 유전자는 나에게도 있을 법하다. 하지만 그렇다 할지라도 메드베드의 논변은 개연성이 부족하다. 우리의 가장 중요한 행동들이 결국 유전자에 기인하더라도, 그가 견지하는 유전자 결정론은 다른 형태의 '희생자 비난하기'로 볼 수 있다. 그런데 유전자 결정론에는 과학적 개연성은 물론 논리적인 내적 정합성도 없다. 의욕과 자유의지를 둘러싸고 자기모순에 빠지기 때문이다. 유전자 결정론은 자

플리머스록Plymouth Rock에 상륙하는 청교도인들. 이들에게는 '상황 돌파력' 유전자가 있었을 것으로 추측되었다.

유의지가 착각임을 과학이(대개 신경과학이지만 때로는 유전학이) 결정적으로 입증했다는 흔한 주장들이 공통적으로 범하는 오류다. 예를 들어 미국의 식물학자 앤서니 캐시모어 Anthony Cashmore는 최근 다음과 같이 선언했다.

흔히들 개인은 자유롭게 환경을 선택하고 변화시키며, 그런 점에서 자신의 운명을 통제한다고 이야기한다. 그런데

이 말은 한 가지 단순하고 중요한 점을 놓치고 있다. 어떤 행위든 '자유로운' 것처럼 보일지라도, 행위 바로 직전 약 100만분의 1초 동안 유기체의 유전학과 환경의 역사를 그대로 반영한 것일 뿐이다.[8]

　사실 이 말을 하는 캐시모어야말로 훨씬 단순하고 중요한 점을 놓치고 있다. 그는 자유의지를 부인할지 여부를 결정할 자유가 우리에게 있다고 믿는 것 같다. 그렇지 않다면 우리를 설득하려고 그렇게 신경 쓸 필요가 있을까?
　캐시모어의 이러한 주장은 18세기 스코틀랜드 철학자 데이비드 흄David Hume이 확립했던 중요한 구별을 감안하지 않은 것이다. 흄은 "모든 사람의 행위가 인과적으로 정해졌다 해도 자유로울 수 있다"고 말했다. 실현 가능성은 지극히 낮지만, 만약 유전학이 모든 행위가 유전자에 의해 인과적으로 정해졌음을 입증하는 날이 오더라도 자유의지를 부인하기에는 충분치 않다. 사실 인간의 모든 행위가 외부적으로 결정되어 있다고 주장할 때도 자유의지의 행위가 요구된다. 따라서 유전학적 결정론을 포함한 모든 결정론은 자기모순

적이다.

아이러니하게도, 미국인이든 아니든 '패기get up and go'가 유전자 결정론의 첫 피해 사례다. 이 모든 것이 결국 유전자 때문이라고 진정으로 믿는다면 개인의 의욕이나 자율성은 들어갈 여지가 없다. 그 믿음 역시 유전자의 산물일 테니 누가 의욕하고 누가 무엇을 자율적으로 했다는 주장조차 믿을 수 없다. 이 관점에서는 유전자가 명령하고 우리는 순종한다. 같은 부류의 주장이 리처드 도킨스Richard Dawkins의 《이기적 유전자The Selfish Gene》[9]에 나온다. '우리'는 유전자의 명령을 따르고, 우리 유전자는 진화의 성공이 내리는 명령을 따른다. 거기에는 '우리' 자리가 거의 없으며, 개인의 정체성 같은 것은 지워져버리고 없다. 그런데 왜 그토록 많은 사람들은 유전자가 진짜 우리라고 믿고 싶어 할까?

첫 번째 요인은 메드베드가 말한 상관성은 가짜이지만, 행동과 유전자 사이에 상관성이 있다는 모든 연구 결과가 가짜는 아니라는 점이다. 예를 들어 2011년 5월에 발간된 《인간유전학 학술지The Journal of Human Genetics》를 보면, 우리가 삶에 대해 어느 정도나 만족하는지는 각자의 유전체(게놈)에

유전학 관련 용어

본문에 나오는 용어들은 다음과 같이 정의된다.[10]

상동유전자Aalleles 특정 유전자의 대립형질 유전자

DNA(데옥시리보핵산deoxyribonucleic acid) 유전정보를 암호화(인코딩)하는 화학물질

후성유전학Epigenetics/**후성유전체학**Epigenomics 'epi'는 '위에 above'라는 뜻의 그리스어. 태아의 발생 과정에서, 그리고 환경과의 상호작용을 통해 유전자가 어떻게 서로 다른 형질을 만들어 나타내는지 연구하는 과학

유전자gene 이전 세대로부터 물려받은 지침으로 단백질들을 어떻게 만들지 신체에 지시하는 역할을 한다.

게놈Genome 유전체, 즉 어떤 생물체의 전체 유전정보

유전자형Genotype 염색체상에서 특정 위치에 있는 구체적인 DNA 서열(우리가 볼 수 없는 형질)

인간게놈프로젝트(인간유전체프로젝트) Human Genome Project, HGP 인간의 전체 유전정보를 해독하려 했던 국제적 활동

표현형Phenotype 특정 유전자 변이의 창발적 발현(우리가 볼 수 있는 형질)

열성유전Recessive 한쪽 부모로부터 하나씩, 총 두 개를 물려받았을 때에만 효과를(표현형을) 발현하는 패턴의 유전. 나쁜 상동유전자가 하나만 있으면 부모 중 어느 쪽에도 질병이 발현되지 않으므로 본인이 보인자라는 사실을 모를 수 있음

서 5-HTT 유전자 형태와 연관된다는 보고가 있다. 이 유전자는 뇌의 화학물질인 세로토닌 전달체transporter를 암호화(인코딩)한다. 세로토닌은 우울이나 기분과 관련된다고 알려져 있다. 미국인 2574명을 조사한 결과, 이 유전자가 긴 형태로 두 개 있는 사람 중에 67퍼센트가 삶에 만족하거나 매우 만족한다고 말했다. 반면 짧은 형태로 두 개인 경우 만족하거나 매우 만족한다고 말한 비율은 37퍼센트에 불과했다.[11] 최근 다른 연구에서는 흡연을 시작하는 것이나 금연이 어려운 것에도 유전적 감수성이 있다고 보고했다.[12] 행동과 유전자의 연관성, 그리고 성격과 유전자의 연관성을 언론이 과장 보도하는 경우가 많지만, 이처럼 진짜로 연관성이 있는 경우도 간혹 있다.

'유전자가 우리'라는 관점이 인기를 누리는 두 번째 요인은 유전자 연구가 지난 40년 동안, 즉 1971년 《타임Time》이 '새로운 유전학'이라는 표제를 내세워 한 호를 발행한 후부터 체계적으로 '팔렸다'는 점에 있다. 그 후 유전자는 생물학의 기본 토대처럼 대단하게 여겨졌다. 프랜시스 콜린스Francis Collins의 표현을 빌리자면 인간과 '생명의 언어'[13]를 만들기 위한 청사진으로 불린 것이다. 인간게놈프로젝트Human Genome Project, HGP에 참여한 많은 연구자들, 그중 콜린스와 영국의 과학자 존 설스턴John Sulston 같은 사람의 말을 들어봐도 인간 유전체(게놈) 전체의 염기서열을 풀면 비교적 단기간 내로 의학 연구에 엄청난 이익이 생길 수 있다고 깊이 믿었던 것 같다.[14] 인간 게놈의 염기서열 초안은 2000년에 나왔는데, 유명 학술지 《네이처Nature》의 편집장은 21세기를 다음과 같이 내다보았다.

> 유전체학으로 인해 우리가 아는 모든 유기체를 우리의 필요와 취향에 맞게 바꾸고 …… [그리고] 사람의 형태도 생각대로 만들 수 있는 날이 올 것이다. 우리가 원하면 팔다리를 몇 개 더 생기도록 만들 수 있고, 잘하면 날개도 만들어 날아다닐 수 있을 것이다.[15]

이렇듯 심하게 과장된 주장이 상업적 이익에 기인하는지의 문제는 흥미로운 생각거리다. 영국의 유전학 연구자이자 활동가인 헬렌 월리스Helen Wallace가 이 문제를 체계적으로 연구했다. 그가 정성 들여 꼼꼼히 기록한 보고서에는 인간게 놈프로젝트의 시작에 심상치 않은 구석, 즉 담배 산업과 식품 산업이 연관되었다는 점이 드러난다. 그녀의 주장에 따르면 폐암에 유전적 감수성이 큰 몇몇 개인을 확인한 것은 담배 산업에 이익이었다고 한다. 유전적으로 그런 문제가 없는 사람은 누구나 계속 즐겁게 담배를 피울 수 있으니 말이다. (담배 산업에는 안된 일이지만, 1995년에 수행된 대규모의 쌍둥이 연구에서 폐암에 유전적 근거가 없다는 결과가 나왔다고 한다.)

월리스의 보고서에 따르면, 담배연구위원회Council for Tobacco Research의 회장은 총 2억 2500만 달러에 달하는 돈을 연구자 1000명의 가족암 연구에 지원한다고 자화자찬하듯 의회에 보고했다. 그 프로그램은 1999년에 중단되었지만, 브리티시아메리칸토바코British American Tobacco는 2000년 하원에서 폐암의 유전학적 감수성에 대한 연구를 계속 지원 중이라고 밝혔다. 월리스는 다음과 같이 강력히 주장했다.

누가 유병률 높은 질환에 걸리는지 예측하는 데 인간 게놈 (유전체) 염기서열 연구가 유용하다는 주장은 허위이며, 이런 주장은 사실상 담배 산업의 지원을 받는 과학자들이 발표한 타당성 떨어지는 연구 결과에서 나온 것들이다. 식품 산업이나 담배 산업은 인간 게놈 염기서열 연구가 사망을 일으키는 중대한 질병도 예측할 수 있다는 허위 주장을 선전해왔는데, 이는 다수의 건강한 사람들에게까지 의료 상품의 시장을 확대하려는 시도의 일환이다. 그러면서 건강에 좋지 않은 가공식품이 고혈압, 2형 당뇨, 비만 등을 유발할 수 있다는 사실에 대해서는 혼동을 조장한다.[16]

'유전자가 우리'라는 견해가 유행하는 세 번째 이유는 유전학이 실제 의학 치료에서 비교적 효과가 없다는 사실을 일반 대중이 잘 모르기 때문일 것이다. "사실 [인간게놈프로젝트 이래로] 10년간 노력했지만, 유병률 높은 질병의 뿌리를 어디서 찾아야 할지 연구하는 유전학자들은 결국 거의 원점으로 돌아간 상태다."[17] 예컨대 게놈 연구로 심장 질환과 통계적 연관이 있다고 알려진 101개의 유전자 변이를 최근 연구한 결과, 10년간 미국의 백인 여성 2만 2000명에게서 심장 질환의 예측력이 거의 없는 것으로 드러나기도 했다.[18] 오래된 방법인 가족력 연구를 통해 실제로 유용한 정보를 더 많이 얻을 수 있었다. 그러나 여전히 프랜시스 콜린스는 유병률 높은 질병들에 대한 유전학적 진단이 2010년에는 일상화되고, 5년이 지나면 치료법도 나올 것이라 예측했다.

헌팅턴병Huntington's disease(유전성 뇌 질환으로 대개 성인일 때 시작되어 서서히 진행되는 질환으로, 춤을 추듯이 몸을 흔드는 무도증 등의 이상 운동증을 보인다―옮긴이) 같은 비전형적인 단일 유전자 질환에 대해서 얻은 초기 성공 이후, 유전자 연구나 게놈(유전체) 연구가 임상 의료에 끼친 효과는 애초 기대에 턱없이 못 미쳤다. 연구자들 입장에서는 암이나 심혈관 질환 같은 주요 질병은 유병률이 높으므로 유전학적 원인 역시 그럴 것이라고 추정한 것이다. 그러나 높은 빈도의 유전자 변이로는 유전학적 위험의 극히 일부만 설명할 수 있을 뿐이었다. 미국의 의사이자 생명윤리학자 하워드 브로디Howard Brody의 영민한 지적처럼, 이런 불편한 진실은 어느새 깜짝 놀랄 정도로 변신해 연구 지원 기관들의 세일즈 포인트가 되어온 것이다.

미국 게놈 연구에서 선도적 과학자들의 논조가 재빠르게 바뀌었다. 처음에는 [연구비 지원을 계속 많이 해주어] 게놈 지도 작성을 끝내면 막대한 지식을 얻을 수 있다고 광고하다가, 지도 작성을 끝냈지만 알게 된 것은 사실상 너무 적다고 [그래서 계속 적극적으로 연구비를 지원해주어야 한다고] 했다.[19]

백인에게서 가장 흔히 나타나는 열성유전 질환인 낭포성섬유증을 예로 들어보자. 유럽인 25명 중 1명꼴로 변이유전자가 있다. 돌연변이를 확인하는 데는 성공했지만, 그 유전자가 나타내는 CFTR 단백질에 목표를 둔 치료법은 아무도 개발하지 못했다. '낭포성섬유증 유전자' 자체는 그 후로도 게놈 연구의 바탕이 되었고, 그중 몇 가지는 잠재적 산출물도 있을 듯했다. 그러나 이 분야의 연구자들도 인정하듯이, 인간 게놈 염기서열이 과학에 많은 이득을 가져다주었을지 몰라도 의학에 기여한 것은 거의 없었다. 낭포성섬유증 유전자 염기서열에 관한 초창기 연구에 참여한 적이 있는 잭 라이어든Jack Riordan은 다음과 같이 말했다.

사실 과학이 낭포성섬유증이라는 질병에 기여할 수 있는 것보다 그 질병이 과학에 훨씬 더 많이 기여했다고 할 수 있다. …… [낭포성섬유증의 치료법을 개발하는 것은] 달에 가는 일에 비유할 수 없다. 그것은 화성에 가는 일에 해당한다.[20]

유전과학이 최근 들어 경이로운 발전을 하면서도 어떤 의미에서는 의학적 효과를 내지 못하고 미루어진 것은, 사실 후성유전학의 발전 때문이기도 하다. 예를 들어 연구자들은 현재 암을 일으키는 유전자를 연구하는 동시에 암 발병의 후성유전학도 연구한다. 인체의 모든 세포는 약 2만 5000개의 동일한 보체유전자를 갖고 있는데, 이 유전자들은 이를테면 심장과 망막에서 다르게 '발현'될 수 있다. 그렇다면 유전자 표현을 활성화하거나 잠재우는 요인은 무엇일까? 이 문제는 암에 대한 유전적 감수성이 어떻게 암의 발병으로 이어지는지 규명하기 위해 꼭 알아야 하므로 매우 중요하다.

따라서 후성유전학은 '하나의 유전자에 하나의 형질'이라는 단순한 관점, 즉 유전자형이 표현형의 모든 국면을 설명한다는 생각을 많이 벗어난 것이다. 마찬가지로 후성유전학은 '유전자가 우리다' 혹은 유전자가 나쁜 것이라는 지나친 단순화를 무너뜨릴 수 있다. 선구적 과학자 이디스 허드Edith Heard는 인간 게놈(유전체)의 염기서열 연구 이후 10년 동안의 연구 성과에 대한 리뷰에서 다음과 같이 밝혔다. "후성유전학은 우리가 유전자의 서열 이상이라는 희망을 제공할 수 있다. 그리고 우리 운명과 자녀들의 운명도 생활양식이나 환경에 의해 상당 부분 형성될 수 있다."[21]

지금까지 나는 대중 유전학의 근본 신화들 중 몇 가지, 즉 유전학적 신비, 유전학 예외주의, 인간게놈프로젝트에 담긴 과학적 무심함 등에 꽤 회의적인 편이었다. 메드베드의 논변이 그래 보이는 것처럼 유전학적 결정론이 혜택받지 못하는 특정 민족 집단의 지위를 정당화하는 데 사용될 경우, 그게 그렇게나 의심스러웠다. 그런데 하물며 어떤 집단이 실제로 유전학적 결정론을 자신의 이익을 키우는 데 활용한다면 어떻게 할 것인가?

호주 회사 오토젠Autogen은 2000년 11월 통가의 보건부와 협약을 체결해 당뇨의 원인을 둘러싼 게놈 연구를 위해서

후천적 변화는 유전될 수 없다는 것에 대해 당신이 배운 모든 것이 틀리지 않은 (그러나 꼭 맞는 것도 아닌) 이유

고등학교 생물 시간에 내가 분명히 주입받은 것은, 어떤 유기체가 살아 있을 때 일어난 변화는 후손에게 전해지지 않는다는 점이다. 예를 들어 쥐의 꼬리를 잘랐어도 새끼들은 여전히 꼬리를 가지고 태어난다. 반면 그런 변화가 유전된다는 이론은 아주 뒤처진 것인데, 이 이론이 18세기 과학자 라마르크Jean-Baptiste Lamarck와 관련이 있고, 스탈린Iosif Stalin이 종용한 유사 과학과도 연관된다고 배웠다.

이상하게도, 바로 그 과학이 앞으로 나아갔다. 지금에 와서는 후성유전학이 '임프린팅imprinting'이라는 기전을 발견한 것이다. 이 기전은 굳이 라마르크(또는 스탈린)가 옳다는 것을 입증하지 않고도 예의 그 단순한 관점을 무너뜨린다. 영국의 분자발생학 명예교수 메릴린 멍크Marilyn Monk는 다음과 같이 설명했다.

임프린팅, 즉 부성 혹은 모성으로부터 받은 특정 유전자의 상동유전자가 서로 다르게 발현될 수 있다는 사실이 발견되었을 때, 유전자의 표현 여부에 영향을 주는 변이가 생식세포, 즉 난자 또는 정자를 통해 유전될 수 있다는 사실이 분명해졌다. 이는 매우 유의미한 발견인데, 임프린팅이 입증되기 전에 라마르크 유전Lamarckian inheritance(후천적으로 획득한 형질의 세대 간 유전)의 가능성을 둘러싼 중대한 반대 논거로서 분자 수준의 기전은 생각할 수 없었기 때문이다. 생식세포를 따라 후성유전학적 변이가 전달된다는 사실은, 생을 살아가는 방식이 자손 세대에게 유전자를 전달할 가능성에 영향을 끼칠 수 있으므로 미래 세대에 대한 장기적 책임이 부여될 수 있다는 것을 의미한다.[22]

조직표본은행을 수집하기로 했다고 발표했다.[23] (통가의 인구 집단은 당뇨 발생률이 14퍼센트나 될 정도로 극히 높았다.) 언론 보도에 따르면 오토젠이 통가를 택한 것은 "독특한 인구집단 자체가 자원이기 때문"이었다. 통가에서처럼 격리된 인구는 연구자들에게 특히 매력적이다. 아이슬란드 회사 디코드제 네틱스deCODE Genetics도 비슷한 계약을 했는데, 이 역시 아이슬란드의 인구집단이 예외적으로 동질적이었기 때문이었다(물론 나중에 그렇지 않다는 것이 판명되었다).

통가 사람들에게 사전에 아무런 정보도 주지 않았으면서, 나중에 그들이 반발할 수도 있다는 예상을 오토젠은 하지 못한 것 같다. 보건부를 위한 연구 지원, 성공적 발견이 있을 경우 통가 정부에 로열티 지불, 연구로 개발되는 신약의 무료 보급 등 상당한 혜택을 제공하려 했다. 그러나 통가의 문화는 유전자를 보는 관점 자체가 독특해서 넬킨과 린디가 말한 것처럼 '거룩한' 물질로 여긴다는 사실을 생각하지 못했다. 통가 사람들에게는 오토젠이 제공하는 혜택도 사실상 값싼 대가에 지나지 않았다.

카리스마 넘치는 로페티 세니툴리Lopeti Senituli가 이끄는 통가의 저항운동 세력은 자신의 뜻을 성공적으로 전달했다. 그들에 따르면 자신들의 유전정보는 상업적 거래의 대상이 될 수 없는데, 조상이 후손에게 물려준 것이기 때문이다. 엄격히 말하면 이는 사실 '유전자의 신비' 같은 개념이 아니다. 폴리네시아나 마오리 원주민들의 문화적 개념인 'ngeia'(인간의 존엄성)[24]와 'tapu'(개인의 위엄성)를 표현하는 주장이기 때문이다. 그러나 이러한 전통적 개념들은 근대에 들어 다르게 알려지고 있다. 마오리족을 대상으로 민속지 연구를 진행했던 저명한 교수 히리니 모코 미드Hirini Moko Mead는 'tapu'에 대해 "이 속성은 마오리 부모들로부터 유전된 것이고, 유전자가 매개하는 것이다"라고 말했다.[25]

그렇다면 미드의 "유전자가 매개하는 것이다"라는 주장과 내가 최대한 물리치려 하는 유전자 결정론의 차이는 무엇일까? 하나의 중요한 차이는 다음과 같다. 원주민들의 주장에 나타난 관점은 공동체주의적인 것이지 개인주의적인 것이 아니다. 이 개념은 메드베드가 그랬듯이 개인의 노력을 찬양하고 공동체를 위한 의료 제공을 비난하는 데 사용되지 않는다. 그 관점은 상업화 반대를 위한 것이고, 인종 집단에 대한 착취를 사회연대의 이름으로 반대하기 위한 것이다.

물론 유전적 유산은 이러한 공동체주의적 관점에서 개인이 자기 유전자로 할 수 있는 것에 대해서도 제한을 가한다. 오지브웨족Ojibwe(치페와 사람Chippewa) 소설가 루이즈 어드리치 Louise Erdrich의 말을 들어보자. 그녀는 개인적으로 유전자 검사를 받아보려고 생각한 적이 있다고 했다. 요즘은 타액 샘플과 현금을 보내면 인터넷으로도 진행할 수 있다고 한다. "그런데 그 검사에 대해 대가족 모두를 찾아다니며 물었더니 '그건 네 것이 아니야, 루이즈'라고 대답했다."

이런 관점은 원주민들에게나 통하는 그런 고상한 것이 아니며, 유전자 검사에 대한 가장 심오한 문제를 제기한다. 만약 개별 환자는 진단명을 비밀로 하고 싶은데, 다른 가족들에게도 사실상 의미 있는 정보라면 이야기해야 할까? 대가족에 속한 모두에게 알 권리가 있다고 할 것인가?[26] 어드리치의 가족들이 했던 말의 논리가 바로 이와 같다(그래서 결국 그녀는 검사를 받지 않기로 했다). 그들은 유전정보를 자기 정체성의 핵심 부분으로 인식하면서도, 개인이 '소유한' 것으로 여기지는 않았다.

다음 장에서는 유전정보를 누가 '소유한' 것인지에 대해 약간 다른 맥락에서 좀 더 자세히 살펴보려 한다. 유전자 특허 문제를 검토할 텐데, 이는 현대의 생명윤리에서 매우 활발히 논의되고 있으며 잠재적으로 생각해볼 것이 많은 쟁점이다.

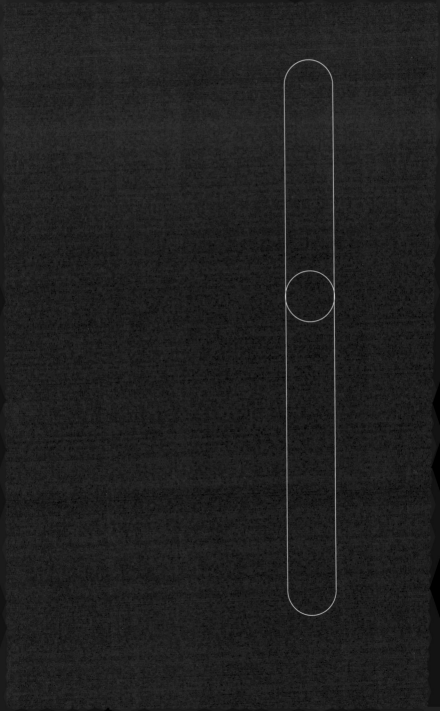

5장

태양에 특허를
출원할 수 있을까?

유전자가 정말 '생명의 언어'이든 아니든, 이러한 언어의 상당 부분이 사유화되어 있다는 사실에는 놀라지 않을 수 없다. 2005년까지 인간 유전자에 부여된 특허 건수는 총 4270개에 이르며, 이는 인간 유전체의 5분의 1에 달한다.[1] 지금은 그 수가 꽤나 늘어났을 것이다. 특허는 대개 배타적이어서 특허 받은 유전자를 연구하려면 특허권자의 허락을 받아야 한다.

만약 여러분이 '제네티스키Genetiski'라는 언어로 소통이 가능한 사람이라면, 문장을 만들 때마다 다섯 번째 단어를 사용하지 못하도록 체계적인 방해를 받는다고 상상해보자.

방금 한 이야기를 다른 말로 해보겠다. "만약 여러분이 '제네티스키'라는 **검열필**로 소통이 가능한 **검열필**이라면, **검열필**을 만들 때마다 다섯 번째 **검열필**를 사용하지 못하도록 체계적인 **검열필**를 받는다고 상상해보자"('다섯 번째 단어'의 위치는 원서의 영어 원문을 따른 것이다―옮긴이). 이렇게 되면 의사소통이 될 수가 없다. 유전자 특허도 이런 식으로 연구자들의 과학 연구활동을 가로막는다.

그러나 2장에서 보았듯이, 보통법 전통에서는 일단 적출된 인체조직을 누구의 소유도 아닌('res nullius') 물건으로 보는 경향이 있다. 만일 인체조직을 누군가의 몸에서 떼어냈는데 누구의 소유도 아니라면, 어떻게 재산이나 지식재산이 될 수 있겠는가?

많은 법률 전문가들은 동의하지 않겠지만, 논란이 많았던 선례들이 있다. 유전공학적으로 조작한 세균에 특허가 부여되었고,[2] 하버드 대학교에서는 '온코마우스onco-mouse(발암 생쥐)'로 특허를 받았다. 온코마우스는 암 연구에 활용되도록 유전공학적으로 개발한 쥐다.[3] 하지만 쥐나 세균은 살아 있는 생명체인데 어떻게 특허를 낼 수 있는가?

애완용 쥐를 소유하거나 프로바이오틱스 요구르트 한 통을 가질 수 있는 것처럼 이 또한 가능하더라도, 사람의 유전자와 생명에 대해서는 금지선을 그어야 하는 게 아닐까? 노예제 사회가 아니므로 다른 사람을 소유할 수 없는데도 어떻게 사람이 사람의 유전자를 소유할 수 있는가? 그러나 유전자 특허와 노예제가 같다는 논변으로는 법정에서 판사를 설득할 수 없다.[4]

인간의 유전자로 특허출원이 가능한지의 쟁점은 과학이 허락했다면 무엇이든 해도 좋고, 임상 치료는 무조건 이롭다고 생각하는 사람에게는 매우 곤란한 문제다. 유전자 특허가 있다고 과학이 꼭 발전하는 것은 아니며, 유전자 특허 때문에 연구와 임상 치료 둘 다 방해받는 경우가 허다하기 때문이다.[5]

예를 들어 헤르셉틴Herceptin®이라는 항암제는 HER2(사람상피성장요인수용체) 유전자에 작용하는 약제로, HER2 유전자에 양성반응을 보이고 종양이 공격적으로 증식하는 유방암 환자에게 유용할 수 있다. 약제에 대한 특허는 제넨텍Genentech이라는 생명공학 기업에 있다. 이는 여러분도 공정하다고 생각할 것이다. 문제는 이 유전자에 대한 특허도 제넨텍에 있다는 점이다. 좀 더 저렴한 대용 약제를 개발하고 싶은 연구자나 제약회사라면 특허권 위반의 위험을 무릅쓰지 않기 위해 특허권자인 제넨텍으로부터 미리 사용 허가를 받아야 한다.[6] 헤르셉틴은 그 효과에도 불구하고 고가인 탓에 많은 NHS(영국의 국민의료보험—옮긴이) 트러스트도 사용을 제한할 정도인데, 해당 유전자에 대한 접근이 불가능하다면 저렴한 약제를 개발하려고 나서는 기업이 더더욱 생길 수 없다.

의생명과학이 무엇이든 할 수 있도록 허용해야 한다고 믿는 사람은 그래야 지장 없이 발전할 수 있다고 생각한다. 그런데 이는 곤란한 모순, 즉 과학자들의 이해 상충에 직면한다. 경쟁하는 과학자들은 특허 유전자에 접근하길 원하지만, 현대 의생명과학의 구조는 특허에 포함된 일종의 '지급보증 자본'에 의존하고 있다. 게다가 특허권자는 대학교 또는 대학교를 지원하는 민간 기관이다.[7] (벤처기업 포트폴리오에서 가장 가치 있는 요소가 특허인 경우도 허다하다.) 임상의사도 환자를 진료할 때 다른 사람의 연구로 개발된 근거 중심 치료에 접근하고 싶어 할 것이다. 그러나 많은 경우에 임상의사 또한 학술 연구를 수행하는 과학자다. 따라서 특허가 될 만한 발견을 해서 다른 기관 연구자들의 접근을 제한하라는 식의 압력을 소속 대학에서 받을 수 있다. 이러한 상황은 제논Zenon(기원전 5세기경 그리스의 철학자. 변증법의 창시자로 불리며 역설적 논증으로 유명하다― 옮긴이)이 자랑스러워할 만한 역설이다.

그러므로 정책 입안자들의 입장에서는 과학이 원하는 모든 것을 그냥 줄 수가 없다. 과학은 통일되어 있지도 않고 하나의 단체도 아니기 때문이다. 우리는 몇 가지 어려운 선택을 해야 하고, 그러려면 법적·철학적 추론이 요구된다. 가끔 이러한 논란이 과열될 때도 있다. 특히 아주 실질적인 상업적 이익이 연관된 경우에 그렇다. 어쨌건 사태는 진전되거나 퇴보한다. 소아마비 백신을 개발한 조너스 솔크Jonas Salk 박사의 시대와 비교하면 상당히 퇴보한 듯하다. 솔크 박사는 백신의 특허권이 누구에게 있느냐는 언론의 질문에 "글쎄요, 모두에게 있는 거 아닌가요? 특허, 그런 건 없어요. 아니, 태양에 특허출원을 하는 사람도 있어요?"라고 말했다.

제한적 특허를 둘러싼 최근의 중요 사례는 일부 유방암과 연관된 BRCA1 유전자와 BRCA2 유전자에 대한 진단검사이다. 이 두 유전자가 잘못된 여성은 유방암에 걸릴 위험이 높아진다. (보통 12퍼센트인데 비해 최고 85퍼센트까지 올라간다. 물론 전체 유방암 중 극소수만 이 유전자의 이상과 연관된다.) 이 여성들의 경우 난소암에 걸릴 위험도 높아진다.

미국 회사인 미리어드제네틱스Myriad Geneitcs(이하 '미리어
드')는 유타 대학교와 함께 두 유전자에 대한 특허를 갖고 있
다. 가족력 등의 위험이 있다고 생각해 이 진단검사를 받으
려는 미국 여성은 약 3000달러의 비용을 내야 한다. 그중 리
즈베스 세리아니Lisbeth Ceriani라는 43세의 유방암 환자는 주
치의로부터 BRCA1, BRCA2 유전자에 이상이 있는지 검사
해보라는 권유를 받았다. 그러나 미리어드는 그녀의 보험을
인정하지 않았고, 그녀는 본인 부담으로 검사를 받을 여력도
없었다. 그녀는 주치의와 마찬가지로 임상 치료에서 불리한
결과가 생길 가능성에 대해 인식하지 못하고 있었다.

미리어드 측이 특허를 방어하는 변론에서 근거로 삼은
것은 특허 대상이 인체의 유전자가 아니라 실험실에서 만든,
그 유전자의 '복제된' 버전이라는 점이었다. '생명에 대한 특
허'가 아니라 합성 화학물질과 같은 것에 대한 특허를 받겠
다는 주장이었다. 그러므로 '누구의 소유도 아닌 것'이라는
근거를 인체의 실제 유전자에 적용할 수 있다는 사실은 변함
이 없다. 미리어드는 우리 개인 유전체의 어떤 부분도 소유

하지 않기 때문이다.

그러나 이는 다소 역설적이다. 특허가 인체의 실제 유전자에 부여되지 않는다면 미리어드는 어떻게 그 유전자의 나쁜 버전이 있는지 진단하는 데 드는 검사비를 청구할 수 있는가? 이는 일종의 인권유린이 아닐까? 이 부분은 사실 반대 변론에서도 나온 말이다. 반대 측에는 의사 단체들의 협회, 미국시민자유연합American Civil Liberties Union, 환자들이 있다. 이들이 단결해 2010년 3월 연방 지방 법원에서 미리어드의 특허 대부분을(모두는 아니다) 뒤집는 데 성공했다.[8]

분자병리학협회Association for Molecular Pathology, 미국의학유전학회American College of Medical Genetics, 미국임상병리학회American Society for Clinical Pathology, 미국병리학자협회College of American Pathologists는 세리아니와 같은 처지의 환자들과 연대해 미국특허청US Patent and Trade Office, Myriad과 유타 대학교의 반대편에서 활동했다. (의사 단체들까지 특허 취소 소송에 합세한 것을 보면 상업적 생명공학에 반대하는 비평가들에게 의학 발전을 방해하지 말라고 비난을 퍼붓는 것이 얼마나 악의적이고 단순한지 알 수 있다.) 150여 개 실험실의 주장에 따르면 미리어드가 "그만

손을 떼라cease and desist"는 명령으로 연구에 지장을 주었다고 한다. 그러나 2011년 3월 항소심에서 법원의 판결이 뒤집혔다. 2012년 3월에는 대법원이 사건을 하급법원으로 환송했으며, 2012년 7월에 결론이 나올 예정이다(결국 연방대법원까지 가서 2013년에 미리어드의 패소로 결론이 났다―옮긴이).

미리어드와 기업 혹은 대학교도 의존하는 유전자 특허의 정당화 논리는, 특허란 자연에 이미 존재하는 것을 발견해서가 아니라 발명을 해야 받을 수 있다는 점이다. 발명은 노동과 기술, 그리고 아마 자본의 투입을 말하는 것이므로 특허가 정당하다는 이치다. 미국 대학교 학내 변호사 리베카 아이젠버그Rebecca Eisenberg도 다음과 같이 말했다.

> 월든 호숫가에서 자연 상태로 지낸 사람에 의해서도 침해될 수 있는 DNA 염기서열 특허권은, 누구도 받을 수 없다. 그 사람의 DNA도 자연에서 여러 세대를 거치며 해온 일을 계속하기 때문이다. 그러나 현대 공학의 발명을 통해서만 존재할 수 있는 형태의 DNA 염기서열에 대해서는 누구나 특허를 받을 수 있다.[9]

이 논변은 영국의 철학자 존 로크John Locke가 재산에 대해 제시한 철학적 근거에 기대고 있다. 이는 토지나 도구 같은 물질에 노동을 얼마나 더했는지에 달려 있다. 이 관점에서 어떤 대상의 가치는 노동과 기술, 그리고 그에 수반된 노력을 원천으로 하며, 이는 대상을 둘러싼 권리의 원천이 되기도 한다. 로크가 그를 따르는 근대의 학자들보다 더욱 주의를 기울여 구분한 것은, 로크 자신은 부인한 권리인 신체 자체에 대한 소유권과, 로크 자신이 행위 주체성의 표현이라고 생각한 신체 노동[10]에서 그 결과물에 대한 재산권이다. 이 도식은 부자들이 부를 소유하는 것에 대한 정당화인 한편, 착취당하는 집단을 대별할 잠재력을 지닌 진보적 논변이기도 하다. 이에 대해서는 필자도 연구용으로 난자를 '기부한' 여성의 재산권과 관련해 논의한 적이 있다.[11]

로크의 철학은 카를 마르크스Karl Marx의 분석에서 중요한 노동가치설은 물론이고, 노동가치설과 연관된 잉여가치설에서도 예기치 않게 논리적 기반이 되었다. 마르크스에 따르면 착취가 객관적으로 존재하기 위한 조건은 잉여가치, 즉 생산비용과 노동자 급여의 차이만큼을 생산수단의 소유주가

갖는 것이다. 이런 분석은 생명자본주의biocapitalism에 적용할
수 있고, 실제로 적용한 경우도 있었다. 마르크스주의 관점
에서 생명자본주의는 그 자체로 피착취 계급을 발생시키기
때문이다.

그러나 로크가 애당초 노동을 더한다는 은유를 만든 것
은 채소밭을 갈거나 우스터 페어메인Worcester Pearmain 사과나
무를 심은 사람이 순무나 사과에 권리가 있다는 주장을 하려
는 의도였다. 마르크스는 초창기 생산방식, 즉 산업적 생산
방식에 관심을 두었다. 이러한 분석들은 약간 손을 봐야 현
대의 생명공학에 적용할 수 있다. 그런데도 유전공학적으로
변형된 세균과 관련한 판례인 다이아몬드 대 차크라바티
Diamond *v* Chakrabarty 사건의 경우, 법정은 로크의 추론을 적용
해 판결을 내렸다.

하늘 아래에서 사람이 만든 모든 것에는 특허를 부여할 수
있다.

'사람이 만든' 것일수록, 즉 자연 상태에서 멀어지고 노동

이 많이 들어갈수록 특허 가능성이 높아진다는 식이다. 특허 유전자를 발견하기보다는 발명했을 경우에 적어도 그렇다.

법원은 특허가 연구 비용, 노동, 노하우에 대한 정당한 보상이라는 점을 받아들였다. 로크 식의 이러한 근거 외에도 판사들은 공리주의적 논변을 추가해, 특허를 통한 보호가 없으면 연구와 임상 진료는 갑자기 멈추고 말 것이라고 지적했다. 그런데 헤르셉틴의 경우에도 과연 그러할지는 의심스러운 것으로 판명이 났다.

그러나 특허 형태의 재산권 주장이 정당화되려면 얼마나 많은 과정을 거쳐야 할까? 차크라바티 사례에서는 연구자 스스로 본인이 한 일이라고는 기존 세균의 '유전자를 섞은' 정도였으며, 그다지 큰 노력이나 기술을 요하는 일이 아니었다고 인정했다. 마찬가지로 대개의 유전자 특허는 대단위 컴퓨터 메모리의 배열을 통해 통상적 과정을 거쳐서 내는 것이지 현격하게 새로운 어떤 발명이 아니다.

프랑켄슈타인 박사는 어둡고 축축한 실험실에서 깜빡이는 촛불 하나만 켜놓고 오랫동안 열심히 연구했다고 주장할 수도 있다. 지붕도 없어 번개 맞을 위험을 감수하면서, 열심히 돕는 조수도 없이 혼자 고생했다고 말이다. 논란의 여지는 있겠지만, 박사가 괴물에 대해 특허를 주장하는 것이 미리어드가 BRCA1 유전자에 대한 특허를 주장하는 것보다 더 정당한 권리라고 할 수 있다.

차크라바티 법정과 달리, 미리어드 사건을 맡은 연방 지방 법원의 스위트Robert W. Sweet 판사는 특허를 정당화할 만큼 충분한 발명이 일어났다고 생각하지 않았다. 그는 발명 대 발견의 문제를 놓고 미리어드에 반하는 판결을 내렸다. "분리한 DNA라고 주장된 것은 자연 그대로의 DNA와 비교했을 때 그다지 눈에 띄는 차이가 없다. 따라서 특허의 부여가 불가능한 물질이다."

미국 법무부도 문서를 통해 회의적인 입장을 견지했다. 미리어드가 유전자를 분리하거나 복제하는 노동 없이 직접적으로 유전자에 대한 특허를 주장해왔다고 공표한 것이다. 법무부는 특히 사람의 DNA와 유전공학으로 조작한 세균을 구분했다. 활동가 블로그 피어스바이오테크FierceBiotech는 "생명공학 산업에 폭탄을 터뜨렸다"라고 표현했는데, 법무부가 공표한 내용은 다음과 같다.

차크라바티에서 생명공학적으로 만든 미생물과 달리, BRCA 단백질을 표현하도록 세포를 유도하는 기능을 하는 독특한 염기쌍의 사슬은 '사람이 만든 발명품'이 아니다. …… 상식적으로 생각해도 사람이 단지 분리했다고 자연의 산물이 발명품으로 바뀌지는 않는다.[12]

스위트 판사가 크게 강조하지 않은 추가적 사실이 또 있다. 원래 이를 '발견'한 것도 미리어드가 아니라 공립 자선단체인 영국 암 연구소Cancer Research UK였다고 한다. 따라서 이문제는 공공투자와 사적 이익 사이의 중요한 쟁점도 제기한다. 과학적 지식과 유전체 자체는 사실 둘 다 공공재로 볼 수있다. 어떤 의미에서 유전자들은 인류의 공통 유산이기 때문이다. 이는 1997년에 선포된 유네스코 인간 게놈(유전체)과 인권에 관한 국제 선언UNESCO Universal Declaration on the Human Genome and Human Rights에도 명시되어 있다.[13]

루이즈 어드리치의 DNA는 마음대로 누구에게나 줄 수있는 그녀의 소유물이 아니었다. 그녀가 속한 오지브웨족 사람들의 관점에서는 그러했다. 마찬가지로 사람의 DNA는

우주의 화학적 단위구조에 대해서도 다르지 않다

《바이오폴리티컬 타임스Biopolitical Times》는 2011년 4월 6일
자 1면 머리기사에서 미리어드 항소심에 대해 다음과 같이
보도했다.

"오늘 가장 놀라운 순간은 아마 미리어드의 변론을 맡은 변
호사가 자사의 법적 이론에 따르면 주기율표의 원소들까지
사실상 특허를 받을 수 있다고 무책임하게 인정한 시점이 아
닐까 한다. 법무부 차관은 이 주장의 논리를 끝까지 밀어붙
였다. 자연에서 볼 수 있는 원소 리튬은 분리되지 않은 채로
자연에 존재하다가 1818년에 한 화학자에 의해 처음 분리되
었지만, 아무도 특허를 부여할 수 있다고 말하지 않았다고
지적했다. 이에 대해 판사들이 묻자, 미리어드의 변호사는
분리한 리튬에 특허를 부여할 수 있을 것으로 믿는다고 대뜸
말했다. 또한 변론에서 자신은 영문학 전공자이지 과학자는
아니라고 강조했다."

누가 가질 수 있는 것이 아니라고 할 수 있다. 기업들이 이러한 '유전자 공유 자산'에 대해 특허를 출원하려 할 때 허용해준다면, 이러한 행위는 자연을 둘러싼 우리 태도에 대해 과연 무엇을 말해줄까? 미리어드 사건이 진행되는 동안 유기적 자연이든 무기적 자연이든 자연 전체가 특허라는 엄청난 손아귀 안에 들어갈 수 있는 것처럼 보이기 시작했다.

미국의 법학 교수 제임스 보일James Boyle은 우리가 결정적 전환기를 지나는 중이라고 믿는다. 18세기 영국의 공용 농지를 둘러싼 인클로저enclosure 운동(사유화 운동)이나, 19세기 스코틀랜드 하이랜드 지역의 소작농 축출 사건Scottish Highland clearances과 같은 과도기라고 말한다. 공용 농지의 사유화는 새로운 산업을 위한 자본과 노동을 제공했지만, 농촌 빈민은 농지를 팔고 도시로 유입되어 도시 빈민이 되었으며, 그들은 산업혁명기의 도시에서 착취당하는 신세를 면치 못했다. 이와 마찬가지로 인클로저 형식의 특허는 창업기의 생명공학 기업에게 지급보증 자본을 제공하지만, 공공재였던 인간의 유전체를 새로운 형태의 사유재산으로 전환하는 것이다.[14]

4장에서 나왔듯이 미리어드에 대한 반대나 통가 사람들

의 저항 등이 일어나 그러한 현상을 통해서 제때 제지하지 못할 경우, '유전체에 대한 광범위한 특허 부여great genome grab'는 농업에서 인클로저가 그랬던 것처럼 공적 영역의 '유전자 공용자산'으로부터 나온 부를 생명공학 벤처 자본으로 이전시키게 된다. 헤르셉틴의 사례는 이렇듯 광범위한 전유의 한 가지 정당화 논리, 즉 연구와 임상 진료는 무조건 유익하며, 특허라는 보호책이 과학 발전의 유인으로 작용한다는 정당화의 논거에 결함이 있음을 보여준다. 그렇다면 공용자산의 사유화를 옹호하는 데 자주 적용되는 다른 논변은 무엇일까? 바로 '공유지의 비극tragedy of commons'이다.[15]

이 관점에 따르면 공용자산은 근본적으로 남용될 소지가 큰데, 하나의 대상에 모두가 공통으로 권리가 있으면 과용되기 쉽기 때문이다. 토지 인클로저를 찬성하는 입장에 따르면, 비효율적으로 관리되거나 풀이 너무 많이 뜯기는 공동 목장을 단일 소유로 만들어 소작농들을 퇴거시키면 분명 농업 발전에 기여할 수 있고, 나라 전체의 식량 생산도 늘어난다. 스코틀랜드 작가 닐 건Neil Gunn의 소설《버처스 브룸Butcher's Broom》에 등장하는 귀족 지주와 그 아내의 대화 장면에서도 소작농들을 몰아내고 땅을 염소에게 돌려줬다는 대목이 나온다.

> 이제 당신의 재산이 된 토지가 어떤 상황인지 알 것이오. 자기들이 사는 곳에서 사람들이 얼마나 무식하고 나태하고 짐승처럼 사는지 어떤지 몰라도, 가난하게 산다는 것만큼은 우리가 알고 있소. …… 글쎄, 이제 땅에서 소출을 가장 많이 낼 수 있는 유일한 방식으로 제도가 바뀌었소. 당신은 나라만큼은 아니겠지만 큰 이득을 볼 것이오. 엄청난 양의 양털과 양고기를 수출할 수 있게 되었으니까. 궁극적으로는 나라 전체를 이롭게 하는 것이 국민 전체를 이롭게 할 것이오.[16]

그러나 인클로저로 식량 생산이 늘어난다고 해보자(식량을 살 경제력이 있는 사람들에게 그건 좋은 일이다). 그런데 이 논리가 유전자 사유화에도 적용될 수 있는지는 모르겠다. 공용 토지에 대한 인클로저를 옹호하는 논변은 사람들이 토지를 헛되게 쓴다는 것인데, '사람 유전체'의 '남용'은 가능할 법한 일인가?

사실 미리어드의 법적 소송 위협 때문에 BRCA1 유전자와 BRCA2 유전자로 연구하지 못했다는 150여 개 실험실의 주장에 일말의 진실이 있다면, 관건은 반反공유지의 비극이라고 할 수 있다. 사적 권리 때문에 상호이익이 되는 재산을 다른 사람이 사용하지 못하도록 만드는 사태는 독점화된 자원의 이용 저하로 귀결된다. 헤르셉틴의 사례도 그런 예다. 양쪽 사례에서 환자들은 절실하게 필요한 진단검사나 치료를 받지 못했는데, 그들 자신이나 국가 의료체계가 독점 가격을 지불하지 못했기 때문이다.

《버처스 브룸》 속의 지주처럼 특허권자가 특허제도는 자신뿐 아니라 전체 집단에 유익하다고 주장했을 때, 어느 누구도 반박하지 않았다. 나는《인체 쇼핑Body Shopping》에서 특허권자들의 과대 포장된 이런 주장에 대해 썼다.

이러한 관점에서 미리어드제네틱스에 좋은 것은 세계를 위해 좋다. 이보다 좀 더 약하지만 제너럴모터스조차 회사에 좋은 것이 국민들에게도 좋다고 주장했다.[17]

그러나 특허 독점의 거센 물결은 지나간 일이 되었다. 미리어드도 상소법원에서 승소했지만, 말했다시피 최종 결과는 불확실하다(결국 연방대법원까지 가서 2013년에 미리어드의 패소로 결론이 났다―옮긴이). 그리고 최근에는 특허의 급속한 성장을 제한하는 결정이 늘어나기도 했다.

2011년 3월 미리어드의 항소가 있기 직전, 유럽사법재판소European Court of Justice는 배아줄기세포주에 특허를 부여할 것인지에 대한 자문을 요청받았다. 이 세포의 기원은 인간의 배아였다. 그린피스가 배아세포에서 신경세포를 발생시키는 기술 특허에 반대하는 도전장을 내밀었을 때 예심은 그린피스의 손을 들어주었다. 물론 미리어드 사건처럼 이는 앞으로도 끝없이 이어질 것이다. 그 놀라운 결과는 배아줄기세포에 특히 논란거리가 있는가라는 문제를 제기한다. 여기서는 이 정도로 하고, 다음 장에서 문제에 대한 답을 찾아보도록 하자.

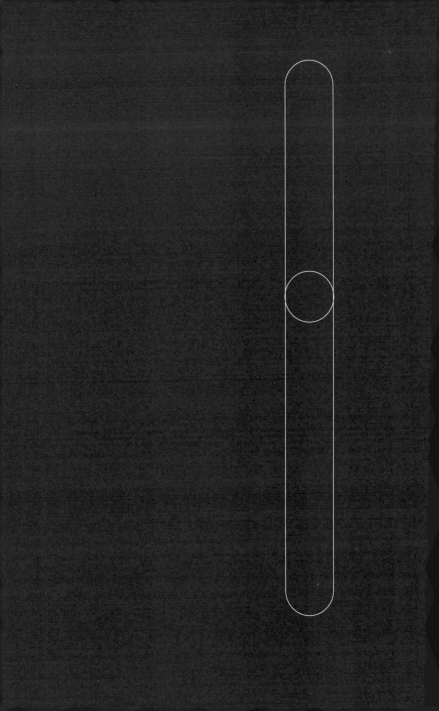

6장

스노우플레이크,
테크노쿨리, 이빨요정:
줄기세포 과학의 불가사의

줄기세포 연구의 약속도 증강기술의 약속과 비슷한데, 지능과 외모와 체력의 증강을 넘어선다. 사실 증강기술에서 말하는 증강은 줄기세포 연구에 거는 희망에 비하면 사소한 편이다. 줄기세포 연구는 망막병변으로 생긴 실명은 물론 척수마비까지 치료할 수 있다는 기대를 만들어낸다. 척수마비에 대한 줄기세포 치료의 경우 2011년에 처음으로 임상시험을 시작했지만,[1] 같은 해 11월에 취소되었다. 실명의 경우, 줄기세포 치료는 임상적 안전성을 확인하기 위한 소규모 임상시험 단계까지 나아갔다. 상황이 이렇다 보니, 줄기세포 연구가 실제적이지 않고 상상으로나 가능한 증강기술을 조금 앞선 것으로 보인다. 물론 논문에서 말하는 것만큼 진전되지는 않았다.

그런데 슬프게도 줄기세포 치료를 당장 실현 가능한 것으로 잘못 생각하는 사람이 많다. 그러나 재생의학 전문가의 말은 다음과 같다. "줄기세포 연구를 실제 재생의료기술로 옮기는 도전은 5년 전 상황과 크게 달라지지 않았다." 미국의 생명윤리학자 아서 캐플런Arthur Caplan에 따르면, 당장 줄기세포 연구가 가능해질 거라는 믿음이 널리 퍼진 것은 그 이면에 기득권이 있기 때문이다.

> 배아줄기세포 연구가 약속하는 것을 들여다보면 완전히 과대광고다. 사람들도 이를 안다. …… 배아줄기세포 연구를 지원해주기만 하면 휠체어 타던 사람들을 1년 안에 걸을 수 있게 만들 것이라는 생각은 터무니없을 뿐이다. …… 과학자들은 그 사실을 알고 있어야 했다. 배양 접시에 들어 있는 무언가로부터 1년 안에 치료법을 끌어낼 수 있는 사람이 있기나 할까? …… 그런데 이 쟁점의 정치학에도 인공 임신중절의 정치학처럼 논란의 한쪽에 '죽여서는 안 된다'는 원칙을 고수하는 입장이 있다. 그런데 줄기세포 논란의 다른 쪽에는 '치료해야만 한다'는 원칙을 고수하는 입장이 있다. 그리고 줄기세포 과학은 바로 이 수사("병을 어떻게든 치료해야 할 것이 아닌가"와 같은 수사—옮긴이)

를 부추겼다. 내 생각에 줄기세포 과학은 바로 이 정치학 때문에 과대광고 되었다.[2]

캐플런이 말하는 것은 주로 미국의 상황이다. 2001년 미국에서는 종교적 우파가 연방정부의 줄기세포 연구 지원을 금지하는 정책을 입안시키는 데 성공했다. 이 때문에 미국의 줄기세포 쟁점은 특히 양극화되고 과격해졌으며, 이는 지금도 여전하다. 오바마 대통령이 전임자의 지원 금지를 철폐하긴 했지만, 법정에서는 필요 이상으로 계속 끌고 있다. 영국의 종교적 분열은 이보다 덜 하지만, 2008년 '이종교잡배아cybrid' 소동 때는 비슷한 과장이 유포되었다(1장 참고). 즉, 이종교잡배아에 대한 반대는 모든 종류의 줄기세포 연구에 대한 반대일 뿐 아니라 그러한 반대자는 '종교적' 광신자라고 몰아붙여졌지만, 이는 모두 사실과 다르다.

그러므로 줄기세포 논란에서 어느 정도의 '오보'와 '과대광고'는 흔하다. 특히 황우석 연구팀이 줄기세포 '개인 치료 키트personal repair kit'를 발명했다는 허위 주장을 논문으로 발표했을 때, 언론의 선풍적 보도는 대부분의 회의적 반대 의견을 묵살해버렸다. 물론 여기에도 몇 가지 충실한 예외는 있었다. 그중 미국의 비평가이자 활동가인 마시 다노브스키는 황우석의 체세포핵치환에서 개연성 문제라든지, 난자를 제공하는 여성의 위험 노출과 사회정의 문제에도 집중했다. 그녀는 이렇게 말했다.

> 그러나 중요한 점은 '개인 치료 키트' 시나리오가 아주 요원하다는 것, 그리고 앞으로도 늘 비현실적인 이야기일 것이라는 사실을 인정하는 일이다. 체세포핵치환에 기초한 의학적 치료는 엄청난 비용이 든다. 〈국립과학회지 Proceedings of the National Academy of Sciences〉에 실린 논문의 추정에 따르면 환자 한 명의 세포주를 확립하는 데 들어가는 초기 비용만 10~20만 달러다. 따라서 체세포핵치환 기반의 치료는, 설령 기술적 가능성이 있다고 밝혀지더라도 대개 틀림없이 '디자이너 의학'의 일종이 될 것이다. 아주 부유한 사람이 아니면 아예 접근 자체가 불가능하기 때문이다.[3]

지금까지 줄기세포 연구에서 배아 사용의 옳고 그름을 둘러싼 논의는 흔했지만, 이처럼 정의justice에 근거한 회의적 사유에 대해서 들은 적은 별로 없다. 황우석의 체세포핵치환술은 체외수정 시술에서 남은 잔여배아를 사용하는 기술이 아니라, 아주 많은 난자가 필요한 기술이었다. 당시 많은 비평가들은 이것이 기존의 다른 방법보다 윤리적으로 낫다고 생각했다. 기존 방법은 제임스 톰슨James Thompson이 개발한 기술로, '잔여' 배아를 활용하는 것이었다(다음을 참고). 난자 제공자들을 착취한 사실이 폭로된 후에도 영국의 의료법학자 에밀리 잭슨Emily Jackson은 이러한 쟁점이 과도하게 부각되었다고 비판하며, 황우석 사건에서 진짜 스캔들은 난자를 낭비한 것이라고 덧붙였다.[4]

특정 종류의 줄기세포 연구를 비판하면 반대편으로부터 흔히 모든 줄기세포 연구를 위험에 빠뜨리려 한다는 추궁을 당한다. 아닌 게 아니라, 방법과 재료에서 줄기세포 연구의 기법은 서로 크게 다르므로 종류에 따라 옹호하거나 반대하는 것이 합당한 측면도 있다.

개인적으로 나는 역분화줄기세포와 골수줄기세포와 성

줄기세포라고 다 똑같지 않다

줄기세포는 미분화세포로, 다양한 종류의 세포로 분화하는 딸세포가 여기서 나온다. 줄기세포 연구가 모두 같다고 생각하는 사람들이 많은데, 결코 그렇지 않다.

배아줄기세포Embryonic Stem Cells, ESCs   1998년 위스콘신 대학교의 톰슨 팀이 처음으로 분리해 배양했다. 사람의 배아가 배반포blastocyst 단계에 있을 때 내부세포집단inner cell mass에서 분리해낸 것이다(배반포는 수정된 배아의 발달단계 중 초기에 해당한다).[5] '불멸의' 세포주를 거기에서 만들어낼 수 있다. 그런데 성체줄기세포나 조혈줄기세포와 달리 여기서는 치료가 개발되지 못했다(다음 참고). 배아줄기세포주의 단점은 환자와의 조직부적합성이 발생할 위험이 있다는 것이다. 즉, 거부반응이 생길 우려가 있다. 다음에 설명하는 줄기세포주 두 가지는 이 문제를 피하기 위해 개발된 것들이다. 적어도 이론적으로는 환자의 체세포로 만들 수 있기 때문이다.

역분화줄기세포Induced Pluripotent Stem Cells, IPSCs 2007년 일본 야마나카 팀이 개발에 성공했다.[6] 이런 종류의 줄기세포는 자연에서 발생하지 않으며, 후성유전학적으로 역프로그래밍을 해야만 성체조직으로부터 유도할 수 있다(야마나카 신야山中伸弥의《가능성의 발견山中伸弥先生に人生とiPS細胞について聞いてみた》참고—옮긴이). (인체의 모든 세포가 같은 유전자를 지닌다는 점을 기억할 것이다. 그렇다면 '잠자고 있는' 유전자를 조작해서, 예를 들어 신경세포에 모종의 변화를 일으켜 근육세포로 바꿀 수 있다는 데서 착안한 것이다.) 처음에는 이 과정이 암 발생으로 이어질지 모른다는 두려움이 있었지만, 이는 해결된 것으로 보인다. 유명세를 탄 연구자들 중에는 복제양 돌리를 탄생시킨 윌무트Ian Wilmut라는 인물이 있었는데, 역분화줄기세포가 미래의 방법이라며 갈아탔다고 한다. 그런데 2011년 5월, 연구자들은 놀라우면서도 기운이 빠지는 결과를 얻었다. 쥐의 피부세포에서 얻은 역분화줄기세포가 쥐의 면역계에서 거부반응을 일으킨 것이다.[7] 아직 확정적이지는 않지만, 이것이 설령 인체의 세포에서 일어날 수 있더라도 역분화줄기세포는 '배양

접시 안의 질병'을 모형화하는 데 여전히 중요한 방법이다.

체세포핵치환somatic cell nuclear transfer 1장 참고.

태아줄기세포fetal stem cell 임신 초기의 중절 후에 태아의 이중능선조직geminal ridge tissue으로부터 취하는 세포이다. 지금으로서는 그 활용이 신경학적 연구에 국한될 가능성이 높아 보인다.

성체줄기세포adult stem cell 여러 종류의 체세포로 분화될 수 있는 역량을 지닌 세포다. 물론 배아줄기세포만큼 분화 능력이 크지는 않다. 그런데 또, 배아줄기세포는 '가소성plasticity'(외력에 의해 형태가 변한 물체가 외력이 없어져도 원래 형태로 돌아가지 않고 변형된 채 유지되는 성질—옮긴이)이 그리 크지 않아 암이 될 수 있다. 그래서 성체줄기세포에 집중하는 연구자들이 있으며, 실제로 좋은 조짐을 보이는 결과가 나오기도 했다.[8] 최근의 인상적인 성과로는 이식에 성공한 예가 있다. 기증자의 기관trachea에 수혜자의 성체줄기세포를 덮은 후 수혜자에게 이식했는데 거부반응이 일어나지 않았다.[9]

제대혈umbilical cord blood/골수bone marrow(조혈줄기세포 haematopoietic stem cells) 제대혈줄기세포와 골수줄기세포는 둘 다 조혈세포로서 그 기원은 사뭇 다르지만, 백혈병에서 그렇듯이 비슷한 질병에 유용하다는 사실이 드러났다. 골수세포는 늘 그런 것은 아니지만 보통 성체골수에서 얻는데, 제대혈보다 '가소성'이 적다. 그러나 조직적합성만 완벽하게 맞으면 골수이식은 백혈병 환자에게 가장 좋은 결과를 나타내는 치료법이다.[10] 통상 제대혈은 출산의 2단계(아기의 배출)와 3단계(태반의 배출) 사이에 뽑는다. 태반이 나오고 나서 뽑아야 위험이 적지만, 가장 많은 양을 모으기 위해서 그때 한다. 환자 본인이 자가이식을 할 수도 있고, 다른 사람으로부터 동종이형 이식을 할 수도 있다. 현재 공공 (동종이형) 조직은행의 가치는 잘 정립되어 있다는 것이 의학계의 합의다. 반면 민간 자가조직은행은 백혈병 환자의 재발 위험이 더 높다는 점을 포함해 기록이 나쁜 편이다.[11]

체줄기세포에 대해서는 윤리적 꺼림칙함을 거의 느끼지 않는다. 사실 그것들은 적극적으로 좋다고 생각한다. 그러나 체세포핵치환이나 민간 조직은행에 보관하는 자가제대혈 기술에 대해서는 지극히 회의적이다. 이유는 두 가지인데, 첫째는 (다른 것도 그렇겠지만) 이 방법이 생산적인지 의문이 있고, 둘째는 조직을 상품화하면서 여성의 이타성을 착취하는 양태가 된다고 생각해서다. 공공 조직은행의 제대혈은 임상효과가 더 크지만, 공공 조직은행이 제대혈을 국제시장에 파는 일이 생기면서 민간과 공공의 경계도 흐릿해져버렸다.[12] 내 생각에는 그 중간 어딘가에 태아 연구와 배아 연구가 있다. 배아나 태아는 인격이 아니라고 보지만, 복잡한 쟁점이 결부되어 있다고 생각한다. 여성이 발생 중인 배아 또는 태아와 자신의 관계를 어떻게 보는지의 문제는 복잡한 쟁점이다.

보통법에서는 인격의 시작을 출생 이후로 본다. 물론 영국을 비롯한 다른 나라에서 임신중절에 대한 입법은 태아가 자랄수록 보호의 강도를 높인다. 체외수정을 통해 여성의 자궁으로 안전하게 착상시킬 개수보다 더 많은 배아를 만들어낸다고 해서 살아 있는 사람이 죽는 일은 일어나지 않는다. 잠재적 인격이 죽는 것 아니냐고 반문한다면? 그럴 수도 없다. 인격의 잠재성을 충족하기 위한 조건으로서 한 여성이 자발적으로 그 배아의 착상을 수용해야 하기 때문이다.

중등도의 호르몬 자극으로 배란촉진을 하면 보통 10~15개의 난자를 얻을 수 있다. 모두 살아남아 성공적으로 수정이 이루어지면 10~15개의 배아를 얻을 수 있다는 뜻이다. 이것이 말처럼 되지는 않지만, 그래도 다수의 배아가 생긴다. 한 개 이상의 배아가 생기는 경우 영국과 다른 여러 나라의 지침은 배아를 하나만 착상시키도록 권고한다. 다태아 임신은 산모와 태아에게 위험하다는 증거가 누적되어 있기 때문이다. 몇몇 나라는 잔여배아의 냉동보관도 그 기간을 한정한다. 그런데 산모가 더 이상의 아이를 원치 않을 경우 배아의 처분에 대해 결정할 일이 남는다. 다른 사람에게 제공하거나 연구에 활용하거나, 아니면 폐기하는 대안들이 있다. 물론 이 결정에서 생명윤리가 모든 것이자 궁극적 쟁점이라고 생각하지는 않는다. 여성이 폐기를 택하지 않고 연구를 위해 기증하기로 결정하면 안 될 합당한 이유는 없다고 생각한다(물론 여성마다 연구에 쓰이거나 다른 사람에게 제공하는 것을 적극적으로 반대할 수 있다는 점에는 전적으로 찬성이다).

임신중절에 반대하는 입장이더라도, 임신중절을 금지하는 일과 의학적 권고보다 많은 수의 태아를 임신하도록 강제하는 일의 차이는 분간할 수 있어야 한다. 태아가 7~8개라면 여성의 건강은 상당한 위험에 놓이거나 모든 배아가 죽게 될 것이다. 생명권을 주장하는 사람들도 이것이 하나의 태아를 성공적으로 임신하는 경우보다 훨씬 나쁜 결과라고 생각할 것이다. (사실 '여덟 쌍둥이를 낳은 산모Octomom'도 있다. 그러나 이러한 경우와 만화《심슨가족The Simpsons》에 나오는 아푸Apu나 만줄라Manjula같은 만화 캐릭터들을 제외하면 여덟 쌍둥이를 임신하는 일은 현실에서 극히 드물다.)

그러나 언제 생명이 시작되는지에 대한 논변은 그냥 건너뛰자. 배아줄기세포 연구에 반대하는 사람들이 배아는 인격이라며, 단지 주장을 위한 주장을 하더라도 내버려두자. 그렇게 두면 법적으로나 논리적으로 궁지에 몰리게 되어 있다. 다른 사람을 위한 목적이더라도 누구에게든 의료 시술을 강제로 견디게 해서는 안 된다. 설령 다른 사람의 목숨을 구

배아를 '입양'하는 '스노우플레이크'

배아줄기세포를 '반대'하는 세력도 인정하지 않을 수 없는 엄연한 진실은, 배아가 인격이 되려면 여성의 자궁이 우선 필요하다는 점이다. 이를 보여준 것이 바로 '스노우플레이크'라는 단체의 사례다. 1997년에 설립된 이 단체는 나이트라이트크리스천입양센터Nightlight Christian Adoptions에서 운영한다. 웹사이트에 내건 설립 목적은 다음과 같다.

"약 40만 개 넘는 배아가 삶이라는 궁극적 존재 목적을 실현할 수 있도록 돕는 동시에, 불임 커플들이 아이를 가질 수 있다는 희망을 공유하려 한다."

스노우플레이크 265번은 2011년 4월에 태어났다. 만일 더 이상 잔여배아가 생기지 않는다면, 39만 9735개의 배아만 입양시키면 된다. 그런데 잔여배아가 생기지 않을 리 없다.

하려는 목적이더라도 그렇다.

이러한 원칙은 오래전에 정립되었다. 예를 들어 미국 판례 맥폴 대 심프McFall v Shimp[13]에서는 한 남성이 조카의 생명을 구할 가능성이 있는 골수이식을 거부했다. 조카와 조직 적합성이 맞는 유일한 당사자였는데 못하겠다고 했다. 배아가 인격이라 하더라도 배아를 자궁에 착상시키는 시술, 그리고 임신 기간과 출산 과정을 겪으라고 여성에게 강제할 수는 없다.

여성의 역할이 필수적인데 왜 자주 간과되는지 이해할 수 없다(인공 자궁은 아직 나오지 않았는데 마치 현실적으로 가능하기나 한 것처럼 말이다). 아니면 여성의 역할 따위는 진짜로 제쳐두는 걸까? 이 상황은 내가 '여성이 사라짐'이라고 부른 현상의 다른 측면일 것이다. 이는 줄기세포 연구의 대안으로 체세포핵치환이라는 방법이 처음 등장했을 때, 그 열기 속에서도 분명히 나타난 현상이다. 그럼에도 줄기세포 논란은 배아 또는 태아가 인격인가 아닌가의 쟁점으로 점철되고 말았음을 부인할 수 없다.

그러나 이런 측면도 있다. 가령 배아는 인격이 아니라는 입장을 갖고 있는 사람도, 배아의 폐기를 인체조직의 폐기와 동일시하는 데 대해서는 당연히 마음이 불편하다. 5장 말미에 소개한 판례에서 유럽특허법원European Patent Court은 폐기한 배아의 존엄성이라는, 희미하고도 직관적인 개념에 크게 기대고 있다. 이 존엄성은 대체 어디서부터 나오는 것일까? 법정에서는 배아가 착상되기만 하면 완전한 사람이 될 수 있다는 사실에서 찾았다. 그런데 법정은 또한 대조적으로, 다분화능pluripotent 성체줄기세포는 특수한 인체조직일 뿐 완전한 사람이 될 수는 없다고 했다. 그러나 나는 왜 이것이 도덕적으로 중요한 차이가 되는지 잘 모르겠다.

배아를 줄기세포 연구에서 사용할 때 한 인격이 죽임을 당한다고는 생각하지 않는다. 그렇지만 배아조직이 상거래 대상이 아니라는 주장은 일리가 있다고 생각한다. 그러나 사실 나는 모든 인체조직이 '상품화가 불가능하다'는 폭넓은 입장에 서 있다. 특정 인체조직이 완전한 인간이 될 수 있는지 여부와 무관하게 말이다(물론 극단으로 몰고 가면, 이 논변은 가발용으로 머리카락을 파는 일도 금지한다는 입장이 되어버린다). 단일유전자는 있는 그대로가 아닌 복제한 버전만 특허를 받을 수 있는 것처럼 배아조직은 법적 보호를 받을 만하다. 프랑스의 생명윤리 입법은 인체조직을 상품화하면 안 된다는 사상에 기반을 두고 있는데, 프랑스 사람들도 입법 당시에 바로 그 논변을 사용했다.

> 배아는 인격도 아니고 원료도 아니다.
> — 프랑스 의회 부의장 에르베 마리통Herve Mariton(2011년 5월 프랑스 생명윤리법 개정안 심의를 위한 의회 토론회)

그러나 이러한 원칙이 있어도 배아를 어떻게 보호해야 하는지 알 수 없다. 특히 줄기세포를 만드는 데 활용하는 배아 이외의 조직은 배아와 비교해 보호의 수준을 높일지 낮출지 알 수 없다. 1장을 통해 우리는 황우석의 체세포핵치환 연구에 사용된 난자가 연구자들의 윤리 레이더망에 거의 포착되지 않았다는 사실을 살펴보았다. 난자를 사용하지 않는 줄기세포 연구는 윤리적으로 허용해야 한다는 전제가 통용되는 경향이 있다. 대다수 생명윤리 전문가들로부터 승인받을 가능성이 있는 연구는 역분화줄기세포일텐데, 이 또한 실

용적으로나 윤리적으로나 의문이 제기되어 왔다.[14]

어떤 규제와 보호가 적절한지 결정하려면 먼저, 무슨 일이 실제로 일어나고 있으며 그 때문에 누가 영향을 받는지 분명히 해야 한다. 그리고 배아줄기세포 연구가 아직 어떤 치료법도 내놓지 못했는데 중대한 사건인 것은, 의생명과학적 '생산'의 새로운 모형을 구축하고 있기 때문이라는 사실을 인정할 필요도 있다. 호주의 사회학자 캐서린 월드비Catherine Waldby와 그녀의 동료 멀린다 쿠퍼Melinda Cooper에 따르면, 줄기세포 산업은 상당 부분 여성의 신체가 지닌 '발생' 능력에 기대고 있다. 난자를 비롯해 태반의 제대혈과 다른 여러 조직의 원천은 여성이기 때문이다.

> 줄기세포 과학의 목적은 이 발생능력을 재생능력으로 변화시키는 것이다. 새로운 인간 개체의 발생이 아니라 기존 인구집단의 재생 쪽으로 생산의 방향을 틀려 한다.[15]

이런 식으로 여성의 신체조직으로부터 영리를 추구하려는 기획 중에 특히 논란이 되는 것은 제대혈은행이다. 한 비평가가 '공격적' 마케팅[16]이라고 부른 기법을 사용하는 영리 기업들은 부모가 될 사람들에게 상당 금액을 일시불로 받거나 해마다 얼마씩 돈을 받고 산모의 혈액을 보관한다.[17] 정상적이라면 이는 태반과 탯줄을 거쳐 아기에게 갈 혈액이다(그런데 돈을 받고 보관하는 기업들은 이 혈액을 보통 '폐기할' 물질로 부른다). 희망 목표는 조직적합성이 큰 '예비 장기 키트'을 만들어 (만약 실제로) 줄기세포 기술이 충분히 발전하면 아이가 가져다 쓸 수 있게 하는 것이다.

그러나 제대혈은행은 산모와 아이에게 위험을 불러올 수 있다. 탯줄을 너무 일찍 클램프로 집어버린다든지 탯줄 속 혈액을 너무 많이 뽑아낸다든지, 출산 중 아주 중요한 순간에 분만실 스태프가 주의를 딴 데 돌릴 경우 위험에 빠질 수 있다.[18] 아주 예외적인 경우를 빼면 아기에게 실제로 가치 있는지 입증된 것도 거의 없다. 왕립산부인과학회Royal College of Obstetricians and Gynaecologists가 내놓은 두 건의 보고서는 제대혈을 일상적으로 뽑아내지 말라고 권고했다. 미국 의사들을 대상으로 한 조사에서도 같은 결과가 나왔다.[19] 마찬가지로, 2010년에 발표된 연구는 민간 제대혈은행의 보관

비용이 165파운드보다 적게 들어야 겨우 본전이라고 했다.[20] 이 액수는 일부 은행이 제시한 금액의 10분의 1 수준이다. 이 모든 이유로 몇몇 국가는 민간 제대혈은행의 설립을 금지한다. 이탈리아와 영국, 그리고 (전혀 놀랄 일도 아니지만) 프랑스가 이에 속한다.

최근에는 민간 기업들도 나서서 다른 조직들, 예를 들면 아동의 유치乳齒에 대해 이와 유사한 '서비스'를 제공한다. 치아은행은 기껏해야 '이빨요정Tooth Fairy'(빠진 치아를 선물로 교환해주는 요정—옮긴이)과 경쟁할 위험이 있을 뿐 딱히 다른 위험은 따르지 않는다. 그러나 무한 재생하는 신체의 신화에 저항할 수 있는 사람이 어디에 있을까? 더욱이 나 자신을 위해서도 아니고 우리 아이들을 위한 것이라면? 그러한 희망은 보편적이다. 개발도상국들도 서구의 트렌드를 따라 민간 제대혈은행을 시작하고 있는데, 라틴아메리카와 인도, 중국이 진입 중이다.

더 일반적으로는 다른 형태의 줄기세포 연구에서도 개발도상국들이 경주에 뛰어들고 있다. 아시아 관련 전문가 마거릿 슬리붐포크너Margaret Sleeboom-Faulkner가 말하는 '생명윤리의 진공상태bioethical bacuum'[21]에서 중국의 줄기세포 산업은 미국의 부시 대통령이 줄기세포 연구에 대한 연방정부 지원 금지안을 추진하던 틈을 타 발전을 거듭했으나, 정작 줄기세포 연구에 대한 미국의 규제는 실효가 없었다. 그러나 마거릿과 그녀의 동료 프라사나 쿠마르 파트나Prasanna Kumar Patna는 바로 이러한 새로운 형태의 제국주의에서 개발도상국의 국민들이 '테크노쿨리techno-coolies'(제2차 세계대전 이전 중국과 인도의 노동자를 가리켜 외국인이 부른 호칭 '쿨리' 앞에 '테크노'를 붙인 말—옮긴이)가 될 수 있다고 경고한다. 이처럼 생명공학이 제3세계 사람들을 이용하고 혹사시키는 것은 처음이 아니다. 다음 장에서는 이 문제를 살펴볼 것이다.

7장

희생양과 피험자:
연구윤리의 우화

1946년, 대서양 저편에서는 나치 의사들이 반인륜 범죄 혐의로 미국 검사들의 심문을 받고 있었다. 그들은 '연구 실험'이라는 형태로 수용소 수감자들에게 범죄를 저질렀다. 한편 과테말라에서는 미 보건국Public Health Office, PHS이 '연구 실험'의 명목으로 수감자와 정신질환자들에게 매독균을 고의로 감염시켰다. 갓 끝난 전쟁에서 군인들에게 사용한 약이 효과가 떨어져 이를 대체할 예방제제를 개발할 목적이었다.

그로부터 63년 후, 미국의 역사가 수전 리버비Susan Reverby는 1940년대 이후에 나온 의학 논문들을 뒤지고 있었다. 리버비는 미 보건국이 저지른 가증스러운 터스키기 실험Tuskegee experiments에 대한 20여 년의 연구를 마무리하던 중이었다. 터스키기 실험은 말기 매독환자인 아프리카계 미국인 남성 수백 명을 관찰만 했고, 심지어 페니실린이 개발된 후에도 치료하지 않았다. 그녀는 1936~1948년 터스키기 연구가 한창일 때 의무감Surgeon General을 지낸 토머스 파란 Thomas Parran의 글을 읽게 되었다.

그러다가 당시까지는 알려지지 않은 과테말라 '실험'Guatemalan 'experiment'에 대한 자료도 발견했다. 연구윤리와 관련해 수년 동안 터스키기는 학대abuse의 대명사였다. 클린턴Bill Clinton 대통령은 생존해 있는 '피험자'에게 사과했다. 그러나 리버비는 당시 그런 일이 가능할 정도였다면, 과테말라 실험은 훨씬 더 잔인한 학대였다고 지적했다. 그녀의 말을 들어보자.

> 빨간 신호등이 깜빡인다. 나는 거의 20년을 터스키기 실험에서 균을 접종한 일은 없었다고 설명하느라 보냈다. 미 보건국이 개탄할 만한 윤리를 지닌 집단이었어도 매독균을 접종하지는 않았다는 사실을 설명하려고 말이다. 그런데 자료에 …… 미 보건국이 427명의 과테말라 수감자와 정신질환자 남녀에게 매독을 일부러 감염시켰다는 기록이 있었다.[1]

뉘른베르크 재판 당시 미국 검사들은 과테말라 실험을 모르고 있었다. 그러니 어떤 고의적인 위선은 없었다고 봐야 한다. 그런데 문제는 바로 이것이다.

- '무엇보다도 해악을 끼치지 말라'는 기본적인 의료윤리 규칙을 하물며 보건 당국이 어떻게 위반할 수 있는가?
- 그들은 어째서 사전동의가 필요하다는 생각을 하지 않았는가?
- 부유한 선진국은 어떻게 약하고 가난한 나라에게 그 나라 국민을 희생시키라고 설득할 수 있는가? 더욱이 매우 취약한 대상자들, 수감자들과 정신질환자들을 말이다. 그들은 이미 수많은 연구윤리 위반 사례에서 피험자로 참여했다.[2]

과테말라와 터스키기 사례는 최악의 연구윤리 위반 사례들 중 극단에 위치하며, 상당히 오래전의 일이다(물론 터스키기 실험은 1972년까지 지속되었다).[3] 미국의 생명윤리학자 아서 캐플런은 과테말라 사례에 대해 다음과 같이 말했다.

아무리 당시의 관행이라고 하더라도, 만일 당신이 누군가에게 질병을 주었다면 이는 분명 전문직의 핵심적 윤리 기준을 위반한 것이다.[4]

당신은 그런 격노할 일이 다시는 일어나지 않을 거라고 생각할지 모르겠다. 생명윤리학자들 사이에서는 의견이 엇갈린다. 하버드 의과대학의 댄 브록Dan Brock은 그런 일이 다시 일어날 가능성에 대해 "거의 불가능하다"고 했으며, 인디애나 대학교의 에릭 메슬린Eric Meslin은 "그런 일이 오늘날에도 일어날 수 있다"고 경고했다.[5] 전임자들이 그랬듯이 오바마 대통령도 사과문을 발표했지만, 기준의 타당성에 대해 검토하도록 대통령생명윤리자문위원회를 소집했다. 오바마 대통령은 브록보다는 메슬린 쪽인 듯하다.

터스키기와 과테말라는 나쁜 윤리뿐 아니라 나쁜 과학의 사례이기도 하다. 따라서 고삐 풀린 '과학적 호기심'이 어디까지 갈 것인가의 예로는 적당치 않다. 1장에서 우리가 이미 다룬 주제이긴 하지만, 과학이 허락한 것을 다 하려고 할 때 연구윤리로 막을 수 있는지, 막으려면 어떻게 해야 하는지 등의 쟁점은 여전히 중요하다. 비록 나치의 잔혹상이나 터스키기 사례, 그리고 과테말라 실험과 같은 노골적인 악행에 비하면 잡아내기 힘든 모습이지만 말이다. 지금 시대에는 의학적 위험보다 경제적 착취 또는 문화적 충돌이 더욱 일반적인 모습이다. 물론 의학적 위험을 불사하는 호기심이라는 요소가 사라진 적은 없다. 특히 가난하고 취약한 피험자들이 보수를 받으려고 위험을 무릅쓸 생각까지 하는 것을 보면 그렇다.

역설적이게도, 터스키기 실험과 과테말라 실험을 국민 연대의 말로 합리화하려는 시도가 있었다. 미시간의 정신질환자들에게 실험용 백신을 주사한 후 고의로 독감에 노출시킨 1942년 실험(조너스 솔크가 공동 연구자로 참여한 실험)처럼, 치명적인 전염성 질환을 정복하면 국민 전체에 이익이 된다고 주장하며 긴급성을 들어 그런 실험을 표면적으로 정당화했다. 미국에서 '사회 속의 과학'을 가르치는 교수 로라 스타크Laura Stark는 이렇게 말했다.

이는 그 당시에도 극도로 비윤리적인 일이었다. …… [그러

뉘른베르크 윤리강령The Nuremberg Code

뉘른베르크 재판에서 나왔다. 이 강령은 자발적 준수가 기본
이지만, 원래는 사전동의와 해악 금지 같은 쟁점을 해결해
나치 때처럼 학대가 재발하지 않도록 예방하려는 취지였다.
후속으로 나온 '헬싱키 선언Declaration of Helsinki'은 몇 차례 개
정을 거쳤지만 오늘날 의견 일치를 본 기준으로 자리 잡았
다. 합의된 기준이 있다는 사실은 생명윤리에서 연구윤리가
다른 논란들에 비해 사실상 앞서 있다는 증거다. 다른 논란
으로는 유전자 특허 등의 쟁점이 있는데, 여전히 법정에서
논의 중이다. 다음은 뉘른베르크 강령에서 중요한 첫째 문단
이다.[6]

실험대상이 되는 사람의 자발적 동의voluntary consent는 반드
시 필수다. 즉, 관련 당사자는 동의할 수 있는 법적 능력이

있어야 하고, 강제와 속임수가 끼어들거나 …… 제약과 통제의 형태여서는 안 된다. 아울러 실험에 대해 충분히 숙지하고 이해해야 하며 …… 이는 당사자가 잘 알고 결정을 내리기 위해서다. 마지막 요건을 만족하려면 실험대상자는 승낙하기에 앞서 실험의 성격, 기간, 목적, 방법, 수단, 그리고 실험에서 예상되는 모든 불편과 위험 사항, 또 실험 참여로 야기될지 모르는 건강 또는 신상에 대한 영향을 고지받아야 한다.

동의의 적정성을 확인할 의무와 책임은 실험을 주도·지시·관장하는 각 개인에게 있다. (우리말 번역은 국가생명윤리정책연구원 인터넷홈페이지 자료실 참고—옮긴이)

내 분명한 것은 국가를 위한 희생이 중요하다는, 오늘날 우리에게는 없는 의식이 있었다는 점이다.[7]

우리는 황우석 사태 당시에도 비슷한 이야기를 들은 적이 있다. 진실이 드러나기 전이라 흥분 상태였는데, 한국 여성들이 애국심으로 기꺼이 희생양을 자처했다는 이야기였다. 아주 고귀한 일이긴 하지만, 과연 누구를 위해 누구의 희생을 기대하는 것인가? 가난한 아프리카계 흑인 남성들의 허가도 받지 않고 그들에게 예상되는 이익이 전혀 없는 상황에서 그들이 자신의 건강을 희생하리라 기대하는 이유는 무엇인가? 그리고 다른 나라의 사람들을 위해 과테말라 사람들이 희생해야 할 이유는 무엇인가?

이런 모순은 임상시험의 상당 부분을 제3세계로 아웃소싱하는 시대에 더욱 극명해진다. 인도로 떠나는 '생식의료 관광', 인도 여성과 맺는 '대리모 계약' 같은 구도의 역학이 작동하긴 하지만 이들을 능가하는 현상이기 때문이다. 2010년 보고서에 따르면 미국의 기업들과 연구자들이 수행하는 임상시험 피험자의 약 4분의 3은 외국 시민이다. 미국 FDA

는 전체 기관의 0.7퍼센트, 즉 45개소만을 조사했다. 사실 이는 전혀 새로운 현상이 아니다. 미 보건국은 인디애나주의 테러호트Terre Haute 연구를 과테말라로 이전시켜 수행했는데, 미국 내에서 연구를 수행하는 것보다 감시 수준이 가볍기 때문이다.[8] 과테말라 연구의 책임연구자는 좋은 과학을 한다고 믿었을 것이다. 그렇지만 그 역시 자신의 상관에게 다음과 같은 편지를 남겼다.

글쎄요, 제가 드릴 수 있는 말씀은 많은 일을 하다 보면 법을 위반하게 된다는 겁니다. 그렇지만 명망 높은 분이 과학 실험을 수행하려 할 때는 법이 눈감아줍니다. …… 법이 가끔이라도 그렇게 눈감아주지 않으면, 사실 의학에서 진보란 없을 것입니다.[9]

오늘날에도 아웃소싱 연구에서 제3세계 임상시험 참여 환자들이 연구자의 고의로 다른 질병에 또 걸린다는 말이 결코 아니다. 과테말라 연구에서와 달리, 오늘날에는 기본적 의료가 제공되지 않는 인구집단이 근본적으로 취약한지 여부에 대한 논란이 있다. 선택지가 임상시험에 참여하느냐, 아니면 아무런 의료도 제공받지 못하느냐 두 가지뿐일 때도 임상시험에서 정보에 기초한 선택이 가능할까? 뉘른베르크 윤리강령은 이런 상황을 처리하려고 고안된 것이 아니며, 처리할 수도 없다. 수용소 수감자들에게 진정한 동의란 없었다는 사실은 이와 전혀 다른 상황이다.

1996년 북부 나이지리아에서 수막염이 대규모로 확산될 때, 제약회사 화이자는 의사들에게 경구항생제인 트로반Trovan®을 공급했다. 이 회사는 가장 효과적인 기존의 약 세프트리악손ceftriaxone을 '대조약'으로 삼아 검증하길 원했다. 실제로 그 과정은 헬싱키 선언에 어긋나지 않았다. 그리고 대조군의 피험자에게는 기존 약제 중 가장 효과가 좋은 것을 주어야 한다는 점은 연구윤리에서 일반적으로 합의된 사항이었다.

트로반 시험보다 훨씬 논란이 컸던 이전 사례에서는 후천성면역결핍증바이러스HIV에 감염된 임신한 아프리카 여성들이 시험 대상이었다. 이 연구는 태아의 감염을 막는 것과 관련된 시험이었으며, 연구자들은 저용량 항레트로바이러스 제제를 당시 서구에서 나온 제제 중 가장 효과가 큰 것과 비교하지 않고 위약placebo과 비교했다. 해당 지역에서 가능한 치료법이 대조군으로 적절하다는 근거를 댔는데, 그 지역에서 치료법이라고는 없었기 때문에 위약을 썼다는 뜻이다.

그 시험을 둘러싼 찬반양론도 만만치 않았다. 주로 아프리카 쪽 비평가들의 찬성이 많았는데, 저렴한 저용량 제제가 성공하면 비싼 표준 약제에 비해 아프리카에서 사용될 가능성이 크기 때문이었다.[10] 그러나 임상시험에서 표준 진료의 기준이 보편적이지 않고 피험자의 피부색에 따라 달라져서야 되겠는가?

이보다 더 큰 논란의 광풍이 트로반 시험에서 일어났는데, 이유는 두 가지였다. 첫째, 설령 시험이 찬성할 만하더라도 화이자는 트로반이라는 약제를 아프리카에서 판매할 의도가 전혀 없었다. 이 약은 미국과 유럽 시장을 겨냥한 것이었다. 둘째, 임상시험팀이 마주한 것은 수막염만이 아니었다는 점이다. 홍역과 콜레라도 퍼져 있었다. 따라서 임상시험팀과 아이들의 가족들은 똑같이 절박했다. 국경없는의사회

회장으로 당시 아프리카 팀을 책임지던 장에르베 브라돌Jean-Hervé Bradol의 말을 빌리면 다음과 같다.

약제 임상시험을 할 상황이 전혀 아니었죠. 병원 사람들은 다 패닉 상태였어요. 죽어가는 사람들을 돌보느라 진력이 나 있었거든요. 그런 지옥 같은 상황에서 화이자라는 회사가 이른바 과학적 연구를 계속한다고 했을 때 충격을 먹었습니다.[11]

트로반 임상시험에서 11명의 아이가 사망했고, 나머지 아이들은 영구적인 장애를 입었다. 몇몇 가족은 항의를 했고, 화이자는 나이지리아 정부와의 협상을 통해 합의를 봤다 (책임을 인정하지는 않았다).

그러나 트로반 임상시험에서 나타난 사망률은 치료하지 않은 수막염에서의 사망률에 비하면 꽤 낮았다. 그런데 치료군과 대조군을 비교하면 거의 같았다. 트로반 치료군에서 5명의 아이가 사망했고, 대조약인 세프트리악손 치료군에서 6명의 아이가 사망했다.

따라서 트로반 시험에서 치료된 아이들은 이익을 입었다고 분명히 말할 수 있다. 이후 수막염으로 고생하는 다른 아프리카 아이들이 그 약을 제공받지 못하게 되었는데도 불구하고 말이다. 그리고 이런 상황에서, 시험에 성공한 제약회사는 사람들이 약을 더 많이 이용할 수 있도록 가격을 인하하라는 압박을 좀 받을 것이다. 남아프리카공화국에서는 후천성면역결핍증바이러스를 치료하는 항레트로바이러스 제제를 두고 실제로 그런 일이 있었다.

그러나 이 정도면 충분할까? 임상시험을 해외에서 아웃소싱으로 진행하거나 민간 영리기업에 위탁하는 상황에서 과연 뉘른베르크 강령이나 헬싱키 선언이 지켜지는지 어떻게 모니터링을 할 수 있겠는가? 원칙적으로 규제는 책임연구자의 소속 기관(영국에서는 지역연구윤리위원회) 또는 연구자들에게 연구비를 지급한 기관의 임상시험심사위원회IRB에 맡겨진다. 연구자들은 지나치게 엄격한 규제가 의학 연구와 투자를 제한한다는 불만도 자주 제기한다. 영국 의과학아카데미Academy of Medical Sciences의 최근 보고서에는 다음과 같은 내용이 나온다.[12]

영국의 보건의료 연구활동을 심각하게 저해하는 것은 복
잡한 규제와 거버넌스 환경이라는 증거가 있다. …… 현재
는 연구비 지원이 결정되고 나서 첫 피험자 환자를 등록하
기까지 평균적으로 약 621일이 걸린다. 간단히 말해, 현재
의 환경은 연구를 힘들게 하고 의과학 연구를 아웃소싱하
도록 몰아간다.

이런 불평은 비일비재하다. 대서양의 이쪽이든 저쪽이든
상황이 비슷하다. 미국의 생명윤리학자 칼 엘리엇은 이런 불
만에 별다른 인상을 받지 못했다. 그는 멋진 제목이 붙은 책
《하얀 가운을 입은 악당: 의학의 어두운 면을 파헤치다White
Coat, Black Hat: Adventures on the Dark Side of Medicine》에서 규제의
사각지대, 즉 피험자들이 처한 현실을 탐사했다. 트로반 임
상시험의 아프리카 피험자들과 마찬가지로, 이들 미국인은
생계를 위해 임상시험에 참여하지만 약으로 어떤 이익도 얻
지 못한다. 가난해서 보험에 가입하지 못했기 때문이다. 바
로 그 때문에 이들만이 약물의 독성을 검사하는 제1상 임상
시험에 피험자로 기꺼이 참여한다.[13] 그러나 이 임상시험으

로 무언가 잘못되기라도 할 경우, 이들에게 의료비를 지원해 주는 곳은 미국 대학병원 중 16퍼센트에 불과하다.[14]

엘리엇이 지적하듯이, 임상시험심사위원회 자체도 다수 가 영리 목적으로 운영되고 있으며, 심사 대상이 되는 회사 로부터 직접 지원받는 경우도 더러 있다. 일례로 회계감사원 General Accountability Office, GAO이나 의회의 위원회가 '함정수 사' 작전을 펼쳐 드러낸 사실에 따르면, 콜로라도의 한 임상 시험심사위원회는 효과가 입증되지 않은 가짜 의약품에 대 한 유령 회사의 '임상시험'을 승인해주고 있었다.[15] 2004년에 는 사실상 미국 임상시험의 70퍼센트 이상이 규제가 한결 가 벼운 민간 부문에서 수행되었다고 한다.[16]

공공이 지원하거나 공공을 타깃으로 한 연구에서 민간의 재정적 이해관계가 우세해진 것은 뉘른베르크 강령 이후 변 화된 상황 중 하나다. 또 다른 변화는 사전동의 제도가 임상 시험에 참여할 의향이 없는 사람들을 대상으로 실험을 하는 가 마는가의 문제가 더 이상 아니라는 것이다. 이는 간단하 게 생각할 수도 있지만, 사실 그렇지가 않다. 문화 간 충돌이 있는 경우에는 더욱 그러하다. 4장에서 살펴본 통가의 사례가 그 예다.

최근 논란이 된 사건은 애리조나 북부의 하바수파이 Havasupai족 사람들의 조직 샘플을 모아 저장한 바이오뱅크와 관련되어 있다. 하바수파이족 사람들은 애리조나 주립대학교를 상대로 5000만 달러의 소송을 제기했는데, 종족의 혈액 샘플을 부적절하게 사용했다는 주장이었다. 아울러 적절한 사전동의를 얻지 않은 것뿐 아니라 사기, 선관의무(선량한 관리자의 주의의무—옮긴이) 위반, 부주의, 사유재산 무단 사용까지 추가했다.

20년 전, 애리조나 주립대학교의 과학자들은 이 종족 사람들에게서 200여 개의 혈액 샘플을 수집했다. 종족의 연장자들에게는 당뇨병 연구용이라고 말했다. 동의서의 내용은 사실상 너무 광범위했다. "행동상의 이상과 의학적 이상들에 대한 원인들"을 연구하기 위함이라는 모호한 문구도 들어 있었다. 그리고 이러한 장황한 동의서에 걸맞는, 당뇨병 연구와 아예 무관한(당뇨병 연구는 아예 없었다) 여러 연구를 종족 사람들에게 알리지 않고 수행했다.

종족 구성원들은 나중에야 조현병과 근친결혼 연구에 샘

플이 사용된다는 사실을 알고 반대했다. 이들은 연구 결과로 발표된 20여 편 이상의 과학 논문이 종족에 낙인을 찍는 결과를 야기했다고 주장했다.[17] 언론은 하바수파이족의 반대 이유가 이 종족의 문화적 믿음과 관련이 있다고 보도했지만, 과학의 권위를 등에 업고 논문에서 자기네 종족을 조현병 환자들로, 그리고 친족결혼을 하는 사람들로 낙인찍는다면 어느 누구라도 예민하게 반응할 수밖에 없을 것이다. 그러나 하바수파이족은 샘플로 수행하는 진화유전학적 연구에도 반대했다. 종족의 기원을 둘러싼 이야기에 의구심을 보내는 연구였기 때문이다.

하바수파이족은 실제로 승소하리라고 기대할 수 없었다. 숱한 선례들이 그런 기대에 반했기 때문이다. 다른 단체들과 개인들도 바이오뱅크에 있는 세포조직이나 데이터가 그들의 의도를 넘어 다른 목적들로 사용될 수 있는 '일괄' 동의에 반대했지만, 대체로 패소했다.[18] 그리고 앞에서도 봤지만, 일단 몸에서 조직이 분리되고 나면 당사자는 보통법상 재산권을 인정받을 수 없다.

그러나 결국 대학 측은 사과했고, 법정에서 70만 달러로 조정했으며, 남은 샘플을 종족에게 돌려주는 데 합의했다. 이는 법적 선례로 남았고(물론 법정에서 어떤 판시를 하지는 않았지만), 한번 보관된 샘플을 새로운 용도로 사용할 때마다 새로 사전동의를 얻어야 하는지의 문제가 연구자들에게 남겨졌다. 그러나 문제는, 과연 애초의 '동의'가 실제로 충분한 '정보 제공'을 통해 얻은 것인지 여부다.

연구윤리의 원칙상 의학적 위험에 대해서만 개방적이고 정직하면 된다고 생각할 경우, 연구자들은 용서받을 수 있다고 볼 수도 있다. 그러나 바로 이것이 뉘른베르크 윤리강령에서 관심을 기울이는 대목이다.

'사전동의'의 요건을 만족하려면 실험대상자는 승낙하기에 앞서 실험의 성격, 기간, 목적, 방법, 수단, 그리고 실험에서 예상되는 모든 불편과 위험 사항, 또 실험 참여로 야기될지 모르는 건강 또는 신상에 대한 영향을 고지받아야 한다(우리말 번역은 국가생명윤리정책연구원 인터넷홈페이지 자료실 참고—옮긴이).

낙인과 같은 사회적 또는 문화적 위험에 대한 우려가 아니더라도 사실 할 일은 꽤 많다. 다른 한편으로, 뉘른베르크 윤리강령의 분명한 의도는 연구자들이 피험자들에게 가능한 한 개방적이고 구체적으로 관련 정보를 알려야 한다는 것이다. "행동상의 이상과 의학적 이상에 대한 원인들" 같은 모호한 일괄 동의서 양식은 그런 의도와 확실히 배치된다.

의생명과학적 연구의 딜레마는 뉘른베르크 강령 이후에 줄어들지 않았다. 역분화줄기세포에서처럼 딜레마의 형태만 바뀌었다. 사실상 변화한 것은 연구가 이루어지는 공공의 분위기다. 영국의 의료법 교수 진 멕헤일Jean McHale은 뉘른베르크 이후 우리의 태도가 180도 바뀌었다고 지적했다. 연구는 결코 도덕적으로 그른 것일 수 없다고 가정하게 되었다는 것이다.[19] 의학 연구에 참여할 적극적 의무가 우리에게 있다는 주장이 바로 이러한 태도 변화를 입증하는 사례다.

의학 연구에 대해 이제는 거의 유사종교적 태도가 되었다고 말해도 될 법한 상황이다. 그리고 이 문제는 마지막 장에서 '신, 맘몬, 그리고 생명공학'의 주제를 통해 다룰 우려와 자연스럽게 이어진다.

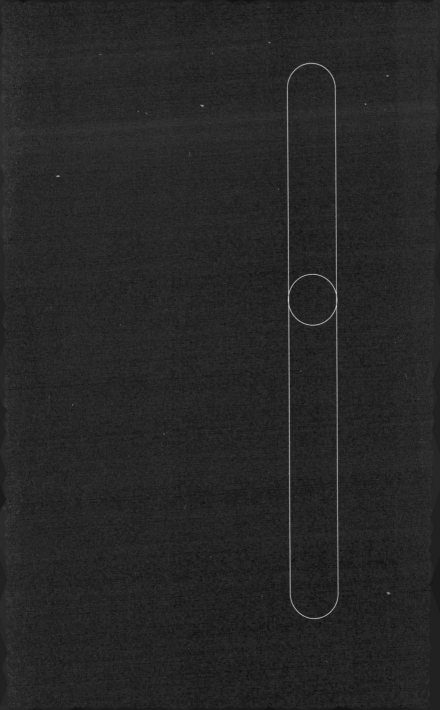

8장

신, 맘몬, 그리고
생명공학

과학과 종교가 갈등관계라는 개념은
현시대의 최고 도그마 중 하나다.[1]

그것은 보편적으로 알려진 도그마다. 이는 소설《오만과 편견Pride and Prejudice》의 첫 문장을 바꿔본 것이다. 1장에서 우리는 '이종교잡배아cybrids' 논란을 통해 이 도그마에 처음 주목했다. 그러나 내 생각에 이러한 신념은 도그마를 취급하는, 즉 종교 근본주의자들에게는 거의 용서될 수 있을지 몰라도, 뼛속 깊이 합리주의자인 사람의 신념체계 안에서는 자리를 찾을 수 없을 것이다. 그런데 이런 도그마를 아주 열성적으로 퍼뜨리는 사람들이 과학적 합리주의자로 보일 때가 많다.

《만들어진 신The God Delusion》에서 리처드 도킨스는 "종교는 무슨 문제가 있는 걸까? 왜 그렇게 적대적일까?"라고 질문을 던진다.[2] 그러고는 스스로 답하기를 "과학자로서 내가 근본주의적 종교에 적대적인 까닭은 그것이 과학이라는 기획을 적극적으로 타락시키는 데 있다."[3] 그는 스스로 "검투

사나 할 법한 격전을 혐오"한다고 했지만,[4] 종교를 대적해서 과학을 옹호하는 수밖에 달리 방법이 없다고 느끼는 듯하다. 보아하니 한쪽이 죽을 때까지 싸우는 일마저 거의 받아들이는 분위기인 것 같아 하는 이야기다.

내 생각에 이는 수치이자 실수다. 과학을 '적극적으로 타락시키는' 것은 종교가 아니라 의생명과학의 상업화다. 즉, 신이 아니고 맘몬이다.

미국의 약제 임상시험 가운데 70퍼센트 이상을 가톨릭 단체가 아니라 영리회사가 통제한다. 인간 유전자에 대한 연구를 차단하는 특허는 바티칸에 없다. 피터 윔허스트Peter Wilmshurst라는 의사를 상대로 4년간의 명예훼손 소송을 시작한 것도 광적인 기독교 신도들이 아니었다. 피터 윔허스트는 심장내과 장치의 유용성에 의문을 제기하는 과학 논문을 발표했다. 소송의 원고 측은 그 장치를 만든 회사였다.

조지 부시 대통령이 배아줄기세포주 연구에 대한 연방 지원을 금지하는 바람에 미국의 줄기세포 연구가 지연되기는 했지만, 과학자들은 몇 가지 우회로를 찾았다. 수백만 달러가 들어간 캘리포니아재생의학연구소California Institute of

Regenerative Medicine 창립, 외국 줄기세포주 수입, 배아줄기세포를 대체할 비非배아줄기세포의 개발이 그것이다. 부시가 배아줄기세포 연구를 반대한 이유가 기독교 회심 때문이었는지는 확실치 않다. 과학사회학자 멀린다 쿠퍼가 보기에는 부시가 정치적으로 절묘한 솜씨를 발휘해 보수 기독교를 달래면서 생명공학계열 대기업Big Biotech을 아주 행복하게 만들었다. 특히 현재 가장 중요하게 사용될 수 있는 모든 줄기세포주를 보유한 생명공학 대기업의 가치는 도리어 폭발적으로 올라갔다.[5]

과학에 대해 종교가 거둔 가장 큰 승리로 회자되긴 했지만, 과학자들은 줄기세포 연구에서 어떻게든 진전을 이루어냈다. 사실, 부시가 금지하지 않았으면 역분화줄기세포 개발의 유인이 생기지 않았을 거라는 말도 있다. 이 줄기세포가 지금으로서는 가장 큰 자원으로 보인다. 그러나 민간 기업이 유전자 특허를 보유하면서 경쟁자들이 더 싼 약을 개발해버릴까 봐 접근 자체를 금지할 경우, 그 줄기세포를 만들어낼 수 있는 과학자는 없다. 접근이 안 되면 아예 연구할 수 없기 때문이다. 맘몬이 1이고 과학자들이 0으로, 승자는 맘몬이다.

그렇다면 누가 요새를 지키는가? 5장에서 본 미리어드의 사례에서 시민단체들과 개별 환자들, 그리고 의료 전문직 조직들은 배타적인 유전자 특허에 맞서 공동의 노력을 기울였다. 그러나 의생명과학의 남용에 가장 전투적으로 저항한 집단은 과학자들이 아니었다(많은 과학자가 기업의 직간접적 지원을 받았다). 그렇다고 생명윤리학자들도 아니었다. 생명윤리학계의 많은 원로들은 사실 1960년대 시민운동의 연장에서 이 분야에 끌렸던 사람들이다.[6] 아무튼 이들도 아니다. 소규모의 비영리 활동조직으로서 한국여성민우회라든지 진워치 GeneWatch 같은 조직이 저항했다. 한국여성민우회는 황우석에 대한 비밀을 흘렸고, 진워치는 제조사의 주장이 근거없다는 사실을 입증해 영국 시장에서 '영양유전체학적nutrigenomic' 상품을 몰아내는 데 성공했다.[7]

이러한 사실을 아는 사람은 극소수인 반면, 《만들어진 신》이라는 책을 아는 사람은 많다. 따라서 종교와 과학이 싸운다는 도그마는 레드헤링red herring(사람의 주의를 딴 데로 돌리는 것—옮긴이), '허수아비 오류'의 허수아비straw man, 막다른 골목blind alley 등 뭐라고 부르든 일종의 진부한 은유 같은 것이다. 그런데 이는 생명공학기술에 대한 비판적 질문을 가장 중요한 증거로부터 따돌리는 (분명 의도치 않은) 효과가 있다. 이러한 상황에서 아이러니한 것은 증거와 진리가 과학과 종교의 종들에게 신성하게 여겨진다는 점이다.

이 책에서 나는 가능한 한 균형을 잡으려고 했다. 그래서 이 장에서도 과학과 종교가 양립 가능한가라는, 다른 많은 저자들이 다루는 문제는 비켜가려 한다. 과학과 종교가 양립할 수 없을 거라는 도그마를 굽히지 않는 것이 어느 쪽에 이익이 되는가라는 경제학적 또는 정치학적 분석 역시 비켜갈 참이다. 내가 더 관심을 둔 주제는 생명공학기술과 종교의 관계보다는 생명공학기술과 맘몬의 관계다. 물론 나는 가톨릭 단체, 바티칸, 광적인 기독교 신도들 중 어느 편에도 서지 않는다. 그러나 누구의 이익이 앞서는가라는 분석으로 나아가기 전, 과학과 종교가 양립 불가능하다는 견해에 반대하는 논증의 주요 주장 두 가지를 잠깐 살펴보는 것이 좋겠다.

첫째, 유명한 과학자들 중 다수는 과학의 기획과 종교적 정신의 대치가 불가피한 것이 아니라고 주장한다. 1941년 아인슈타인Albert Einstein이 한 말은 유명하다.

과학은 진리와 이해를 향한 열망으로 철저하게 물든 자들만이 만들어낼 수 있는 것이다. 그렇지만 이 열정의 원천은 종교적인 영역에서 피어난다. …… 종교 없는 과학은 불구이고, 과학 없는 종교는 맹목이다.[8]

교회가 갈릴레오Galileo를 잘못 대우하는 바람에 갈릴레오가 신앙 자체를 공격했다는 오해가 생겼다. 그러나 진리는 과학적 탐구와 종교 양자에 의해 접근 가능하다는 것이 갈릴레오의 믿음이었다. 이 견해는 현대의 과학자 스티븐 제이 굴드Stephen Jay Gould의 견해와 놀랄 만치 유사하다. 굴드는 종교와 과학이 두 개의 중첩되지 않는 '영역'이라고 말했다. 두 분야가 완전히 분리되어 있기 때문에 서로를 위협하지 않는다고 생각한 것이다.

과학이라는 망net 또는 권역magisterium은 경험적 영역, 즉 우주가 무엇으로 구성되고(사실) 왜 이런 식으로 운행되는지(이론)를 망라한다. 종교의 권역은 궁극적 의미와 도덕적 가치에 대한 질문으로 확장되어 있다. 이 두 영역은 서로

겹치지 않는다.[9]

　도킨스는 굴드의 이런 견해를 '부정직하다'고 나무랐다. 종교가 자연세계에 대한 진리를 주장하는 진술을 펼친다는 사실을 인정하지 않았기 때문이라고 했다. 내 생각은 도킨스의 생각과 다르다. 도킨스가 생각하는 이유와 정반대의 이유로 굴드의 생각이 틀렸다고 생각한다. 굴드의 생각에 따르면 생명윤리는 종교처럼 도덕적 가치를 둘러싼 질문에 관심이 있는데, 이는 생명윤리가 과학에 대해 아무런 할 말이 없음을 뜻하기 때문이다. 그러나 과학은 윤리학에 대해서도 암묵적으로 진리를 주장한다. 이를테면 과학이 규제 없이 진행될 수 있도록 허용해야 하는데, 과학은 모두에게 이익이기 때문이라는 지금의 아주 친숙한 주장이 그렇다. 이러한 과학의 주장은 과학적 사실에 대한 주장이 아니라 공리주의적인 철학적 입장이다. 과학이 할 수 있는 것은 무엇이든 하도록 과학을 내버려두라는 규정을 제시하는 것이다. 나는 이미 1장에서 이러한 주장이 고려할 가치가 없다고 일축했다.

　최근에는 프랜시스 콜린스 같은 유명한 과학자들이 자신

의 종교적 믿음에 대해 커밍아웃을 하더니, 개인적 관점에서 같은 입장을 주장했다. 펄서pulsar(일정 주기로 펄스 형태의 전파를 방사하는 천체―옮긴이)를 발견한 업적으로 노벨상을 받았어야 했을 조슬린 벨 버넬Jocelyn Bell Burnell 교수는(그녀 대신에 남자 상급자가 받았다) 최근 옥스퍼드에서 퀘이커교 신앙과 과학적 믿음이 양립할 수 있는지, 그렇다면 어떻게 가능한지에 대해 자신의 경우를 들어 공개 강의를 하기도 했다.[10]

이는 과학과 종교가 불가피하게 대립된다는 입장에 반대하는 논증의 두 번째 노선이다. 어떤 과학자들은 (이중나선으로 유명해진 프랜시스 크릭Francis Crick의 경우처럼) '과학적 사실은 기독교 신앙을 약하게 한다'[11]고 생각하는가 하면, 그들 못지않게 유명한 다른 과학자들의 경우는 사적인 삶 속에 종교적 믿음의 여지가 있다. 사회과학 설문조사들도 이런 개인적 발언을 입증하는 증거를 제시하고 있는데, 최근 미국 과학자 1600명을 대상으로 한 설문조사가 그 예다. 이 조사에서 15퍼센트의 과학자만이 과학과 종교 사이에서 조정이 불가능한 갈등을 겪는다고 답했다.[12] 그러나 이런 접근의 문제는 둘 사이에서 균형을 잡아보려는 소득 없는 노력으로 이어진다는 점이다. 콜린스나 버넬 류의 사람들이 얼마나 늘어나야 도킨스나 크릭을 이길 수 있을까?

근대의 경험적 연구의 창시자 프랜시스 베이컨Francis Bacon은 종교 지도자들에게 싸움을 걸었던 학자들의 원조 격이다. 그는 '무지와 에러', '신앙인들의 열성과 질투'를 강력히 비판했지만, 지식의 추구와 거룩함의 추구 사이에 고유한 양립 불가능성이 있다고 생각하지는 않았다. 그는 다음과 같이 적었다.

> 예수께서는 먼저 여러 사제들 및 법률 선생들과 토론을 벌여 사람의 무지를 다스리시는 권력을 보여주셨고, 그런 다음에야 기적을 일으켜 자연을 다스리는 권력을 드러내셨기 때문이다. 성령께서 도래하실 때도 주로 언어적 비유나 그 밖의 다른 언어 재능을 사용했는데, 언어 외에는 지식의 운반자가 될 만한 것이 없었기 때문이다.[13]

마찬가지로 그는 "자연의 사슬에서 가장 높은 고리가 주피터의 권좌와 연결될 필요가 있다"[14]고 적었다. 그러나 베이컨은 과학과 종교 사이에 무너뜨릴 수 없는 경계란 없다고 하면서도, 새 과학의 진짜 골칫거리로서 맘몬 숭배를 예언이라도 하듯 경계했다.

사람들이 학문과 지식을 추구하려는 욕망에 빠져든 데는 여러 이유가 있었다. 때로는 천성적 호기심과 캐묻기 좋아하는 기질 탓이었고, 때로는 색다른 것과 즐거움을 주는 것으로 그들의 정신을 위로하기 위해서였으며, 때로는 과시와 명성을 얻기 위해서였다. 지식과 학문은 그들이 기지를 발휘하고 반론을 제기해 승리를 얻을 수 있도록 해주기 때문이기도 했다. 가장 흔하게는, 돈벌이와 전문직을 위해 학문과 지식에 대한 욕망에 빠져들었다. 인류 전체의 보편적 이익과 효용을 위해서 이성이라는 선물을 참되게 발휘한 사례는 거의 찾기 힘들다. 사람들은 정처 없이 떠돌던 영혼이 편히 쉴 침대라도 되는 듯 지식을 추구했다. 어떤 변덕쟁이는 전망 좋은 자리를 찾으려 분주히 오가는 테라스라도 되는 듯, 어떤 교만한 자는 높이 올라가기 위한 고층탑이라도 되는 듯, 경쟁이나 논쟁에서 선점해야 할 요새나 지휘소라도 되는 듯, 돈벌이나 판매를 위한 점포라도 되는 듯 지식을 추구했다. 지식이 창조주의 영광을 위하는 동시에 인간 삶의 조건을 개선하기 위한 풍부한 창고를 제공한다는 이유로 지식을 추구한 사람은 거의 없었던 셈이다. …… 여기서 내가 말하는 효용과 행동은 앞서 언급된 돈벌이와 전문직을 위한 지식의 사용이 결코 아니다. 이처럼 그릇된 지식의 사용은 오히려 지식의 추구와 진보를 샛길로 빠지게 하는 장애물에 불과하다.[15]

이 책에서 우리는 수없이 많은 방법의 "돈벌이를 위한 지식의 사용"을 보았고, 생명공학기술의 상업화가 제한적 특허와 같은 방법으로 "지식의 추구와 진보를 샛길로 빠지게" 하는 것을 보았다.

더 일반적으로, 연구 어젠다는 어떤 약을 만들면 이익이 생길 수 있는지로 정하지, 사람들에게 더 많은 혜택이 가는지 여부로 정하지 않는다(트로반 사례의 쟁점이 그러했다). 진워치도 영양유전체학적 상품(뉴트리제노믹 상품)의 제조사 사이오나Sciona에 반대하는 캠페인을 벌이며 이 문제를 부각시켰다. 사이오나의 주된 관심은 걱정에 찬 서구인들에게 판매 가능한 제품을 만들어주는 유전자가 무엇인가일 뿐, 어떤 질병으로 사망률이 높아지는지가 아니라고 주장했다. 미국의 과학사회학자 도로시 넬킨이 2003년 세상을 떠나기 직전 경고한 바에 따르면 의생명과학 연구, 특히 유전학적 연구는 점점 기업 어젠다의 결정을 따르고 있다.[16] 이런 일이 계속된다면 과학적 방법 자체는 가장 높은 가격을 부르는 자들에게 판매하는 제품 그 이상이 아니다.

그렇다면 의생명과학이 "돈벌이나 판매를 위한 점포"로 전락할 위험에 대해 생명윤리학은 무엇을 해왔을까? 이 분야에 속한 우리 중 많은 이들이 부족했다고 생각한다(또 그만한 수의 다른 사람들은 그렇지 않다고 생각할지 모르겠지만). 미국의 의료사회학자 존 에번스John Evans는 생명윤리학 분야가 더 이상 비판적이지도 않고 독자적이지도 않으며, 오히려 상업적인 현대 생명공학기술이라는 '고래의 뱃속에' 기거한다고 말한다.[17] 그의 평가에 따르면, 신학과 종교는 생명공학기술의 탈규제를 외치는 신자유주의적 논변에 대한 균형추 역할을 상실해왔는데, 생명윤리학이 그 자리를 대신해 확고한 입지를 다지지 못했다. 그는 이렇게 적고 있다.

> 물론 생명윤리학 전문가들은 생명윤리학이 과학자들과 의
> 사들의 권력에 대항하는 운동이며, 1960~1970년대의 과
> 학자들과 의사들에게 자체적인 윤리체계를 진정으로 밀어
> 붙였다고 생각할지 모른다. 그러나 나는 사학자 찰스 로젠
> 버그Charles Rosenberg와 의견을 같이한다. 의료에 수용되는
> 조건으로서 생명윤리학은 의료라는 고래 뱃속에 거처를
> 마련했다. 사유 자체는 여전히 자율적이나, 생명윤리의 기
> 획은 의료라는 숙주와 아주 복잡한 공생 관계를 만들어왔
> 다. 생명윤리는 더 이상 [예전엔 그랬는지 몰라도] 자유롭고
> 저항적인 사회비판적 개혁운동이 아니다.[18]

이런 비난에는 당혹감으로 움찔하게 하는 진실이 들어
있다. 그러나 로젠버그가 이렇게 적은 것은 1999년이고, 그
후로도 생명공학기술과 의생명과학은 지속되어 왔다. 사회
전체가 지속된 것처럼 말이다. 의생명과학의 상업화와 부패
에 대한 우려는 전보다 훨씬 커졌다.[19] 물론 그와 동시에 신

자유주의적 민영화 합의와 국가 예산 절감을 둘러싼 반대운동이 아테네의 신타그마 광장부터 런던과 뉴욕의 오큐파이Occupy 캠프에 이르기까지 벌어지고 있다. 민영화와 기업 우위 국가에 대한 비판을 담은 나오미 클라인Naomi Klein의《노로고No Logo》와《쇼크 독트린The Shock Doctrine》[20] 같은 책들이 베스트셀러가 되는가 하면, 〈엔론Enlon〉과 같은 연극이 예상을 깨고 브로드웨이에서 선풍을 일으켰다. 일반적으로 우리가 순진하게 굴어야 할 이유가 전혀 없는데, 황우석 박사의 '연구' 같은 과학적 '기적' 앞에서 가끔 그럴 때가 있다.

우리는 생명윤리학자로서, 그리고 대중의 한 사람으로서 성숙해질 필요가 있다. 성숙은 유치한 것들을 치워버려야 가능해질 것이다. 종교가 과학적 진보의 최대 적이라는 이야기라든지 '증강(강화)'을 둘러싼 유치한 환상 따위를 집어치워야 한다. 우리는 베이컨의 말처럼 의생명과학을 "인간 삶의 조건을 개선하기 위한 풍부한 창고"로 만들어나갈 필요가 있다. 이미 그러한 방향을 지향하는 운동들이 있다. 이를테면 2010~2012년의 태리타운 회의Tarrytown meeting다. 이는 "학자와 정책 전문가와 참여단체 등이 모여 강하고 새로운 인간

생명공학기술과 여타 관련 기술이 사회정의, 평등, 인권, 생태학적 온전성, 공동선을 훼손하지 않고 뒷받침하도록 촉구하는 연례회의"다.[21]

이는 간단한 일이 아닐 것이다. 우리 앞에 '생명자본주의 biocapitalism'의 힘이 강하게 버티고 있는데 어떻게 간단한 일이겠는가? 그러나 제대로 사유하고 제대로 실천하는 생명윤리학을 만들기 위해 귀하고도 강력한 전문성의 조합, 즉 철학적 분석, 법적·정치적 감각, 과학적 인식의 협력을 통해 단결하고 있다. 우리는 과학이 제안할 수 있는 최선을 방해하려는 것이 아니라 돕고자 하는 강한 입장에 있다. 독자 여러분도 우리와 마찬가지로, 그리고 우리의 한 사람으로서 공동선을 위해 과학이 그 최선을 다할 수 있도록 도우려는 입장에 있다고 믿는다.

8장 신, 맘몬, 그리고 생명공학 **209**

부록: 100가지 생각들

읽어볼 만한 생명윤리 관련 도서

1. **George Annas, *Worst Case Bioethics: Death, Disaster and Public Health*, Oxford University Press, 2010.**

   아나스는 영어권에서는 드물게 개인의 자율성보다 사회정의가 중요하다고 계속 강조하는 생명윤리학자 중 한 사람이다. 이 책에서 그는 증강에 대한 지나친 낙관주의가 주창되는 것이 주로 의생명과학을 둘러싼 기업의 이익 때문이라고 보며, 유행병이나 공중 보건처럼 실제로 우선해야 할 사항들이 무시되는 현상과 대조한다.

2. **James Boyle, *Shamans, Software and Spleens: Law and the Construction of the Information Society*, Harvard University Press, 1996.**

   보일의 분석은 영향력이 큰데, 인간 유전체(게놈)의 상당 부분에 특허를 받는 일을 산업혁명 이전 공유지에서 일어난 농업용 인클로저에 비유한다. 이전에는 둘 다 시장 바깥에 있었던 것들인데 사적 이익을 위해 식민화되고 포섭되었다는 공통점이 있다.

3. **Howard Brody, *The Future of Bioethics*, Oxford University Press, 2009.**

   셜록 홈즈가 한밤중 개에게 일어난 의문의 사건을 바라보듯이, 브로디가 생각하기에 생명윤리를 설명해줄 단서는 바로 개들이 왜 짖어야 할 때 짖지 않는가라는 문제다. 이 책에서 브로디의 비판에 따르면 주류 생명윤리학자들의 문제는 너무 조심스러운 나머지 권력에 맞서 진실을 이야기하지 못한다는 점, 자율성을 제일의 가치로 보는 데 급급해 정의의 문제를 제대로 고려하지 못한다는 점이다.

4. **Allen Buchanan, *Beyond Humanity?*, Oxford University Press, 2011.**

   증강에 대해 온건한 옹호자인 뷰캐넌은 자신의 '반반anti-anti 강화' 논변을 신중하게 선별해 균형 잡힌 시각으로 제시한다.

5. **Melinda Cooper, *Life and Surplus: Biotechnology and Capitalism in the Neo-Liberal Era*, University of Washington Press, 2007.**

   상당히 폭넓은 사고를 펼치는 젊은 학자의 훌륭한 책. 표지 뒷면에 잘 요약된 대로 "자유시장 자본주의의 유토피아적 변증을 상업화된 생명과학자들의 내적 모순 증가와 연결"한다.

6. Donna Dickenson, *Body Shopping: Converting Body Parts to Profit*, Oxford: Oneworld, 2009.

(이근애 옮김, 《인체 쇼핑: 살과 피로 돌아가는 경제》, 소담출판사, 2012)

이 책에서 디켄슨은 잉태 전부터 사망 후까지 인체조직의 상업화 양상을 훑어간다. 판례 설명과 함께 개별 환자들의 이야기, 모든 신체가 인체조직 자유시장에서 대상화되며 '여성화'되는 모습에 대해 독창적 분석을 제시한다.

7. Donna Dickenson, Richard Huxtable, and Michael Parker, *The Cambridge Medical Ethics Workbook*, 2nd edition, Cambridge University Press, 2010.

특별하고 접근성도 좋은 교재로, 여섯 개의 시나리오가 수록된 CD에 대화형 동영상이 포함되어 있다. 저자들은 실제 현장의 생생한 일상적 사례를 통해 '아래에서 위로' 접근하는 방식으로 의료윤리를 소개한다.

8. Carl Elliott, *White Coat, Black Hat: Adventures on the Dark Side of Medicine*, Beacon Press, 2010.

엘리엇은 임상수련을 받은 생명윤리학자로서 인터넷과 의료를 효과적으로 비교한다. 둘 다 고도로 상업화되어 있는데, 사람들은 인터넷이 그렇다는 것을 잘 아는 반면 의료에 대해서는 여전히 신뢰를 보낸다. 저자는 제3세계와 사기업에 임상연구를 아웃소싱하는 경우가 점점 늘어나는 현실을 설명한다. 이런 상황에서는 과학자도 피헌자도 이타주의가 아닌 영리 동기로 움직인다.

9. **Cecile Fabre, *Whose Body Is It Anyway? Justice and the Integrity of the Person*, Clarendon Press, 2006.**

   파브르는 분배의 정의상 환자가 건강한 사람의 장기를 받을 권리와 구매할 권리를 가져야 한다고 주장하는데, 그 논리는 빈자가 부자의 부를 공유할 권리를 갖는 것과 같다고 한다. 그녀의 동기는 공정함이라는 정의의 개념이겠지만, 우리가 부를 소유하는 식으로 장기를 소유한다는 가정은 잘못된 것으로 보인다.

10. **Kieran Healy, *Last Best Gifts: Altruism and the Market for Human Organs*, University of Chicago Press, 2006.**

    장기이식과 관련해 선물하기와 팔기, 즉 이타주의와 시장을 가르는 복잡한 요소들을 사회학적으로 잘 분석해 정리했다.

11. **Jonathan Herring, *Medical Law and Ethics*, 3rd edition, Oxford University Press, 2010.**

    의료법에 대한 생생하고 포괄적인 소개서. 독자들이 계속 추가되는 판례를 참고할 수 있도록 온라인 자료도 담겨 있다.

12. **Sheila Jasanoff, *Designs on Nature*, Harvard University Press, 2005.**

    표지에 "25여 년간 일어난 과학적·사회적 발전을 살펴본 권위 있는 책자"로 소개되어 있다. 재서노프는 영국, 독일, 미국에서 펼쳐지는 생명과학의 정치학을 비교한다. 대다수의 미

국 학자들처럼 그 역시 영국의 법 규제를 동경한다. 그래도
영국에서 생명윤리 관련 정책이 형성될 당시 정책 입안의 배
경지식을 알기 위한 자료로는 여전히 유용하다.

13. **Mary Midgley, *Science as Salvation*, Routledge, 1992.**
과학이 허락한 것은 무엇이든 하도록 해야 하는가라는 문제
는 다른 물음과 얽혀 있다. 과학이 가져올 이익에 대한 믿음
은 기독교 신앙에서 구원의 근대적 대체물인가라는 물음이
다. 미드글리는 "과학을 통해 구원에 이를 수 있다는 생각은
…… 결코 난센스가 아니다. 그렇지만 그 생각은 지금 상당한
혼동에 빠져 있다"라고 적었다.

14. **Dorothy Nelkin and M Susan Lindee, *The DNA Mystique:
The Gene as Cultural Icon*, W W Norton, 1995.**
이 고전적인 책에서 저자들은 최신 유전학을 둘러싼 대중과
언론의 이해가 DNA를 인간의 영혼과 등가인 어떤 것으로 취
급한다고 주장한다. 이를 마치 개별 인격과 인간 존재의 성스
러운 본질로 본다는 주장이다.

15. **Michael Sandel, *The Case Against Perfection: Ethics in the
Age of Genetic Engineering*, Harvard University Press,
2007.**
(김선욱·이수경 옮김, 《완벽에 대한 반론》, 와이즈베리, 2016)
《애틀랜틱 먼슬리Atlantic Monthly》에 처음 기고한 영향력 있는
에세이를 확대 개정한 이 글에서 미이클 샌델은 '증강'에 내한

열망이 연대감, 책임, 수치심을 약화한다고 주장했다.

16. **Debra Satz**, *Why Some Things Should Not Be for Sale: The Moral Limits of Markets*, Oxford University Press, 2010.
다른 고용계약은 노동자에게 일을 강요할 수 없고 받은 돈을 돌려주지 않는데, 왜 대리모는 아기를 건네줘야만 하는가? 저자는 경제학적·법적 분석을 통해 '구체적 계약 이행'에 대해 이렇듯 중요한 질문을 던지는 통찰을 보여준다.

17. **Rebecca Skloot**, *The Immortal Life of Henrietta Lacks*, Crown Books/Pan Macmillan, 2010.
(김정한·김정부 옮김, 《헨리에타 랙스의 불멸의 삶》, 문학동네, 2012)
상당한 인내심과 감수성을 바탕으로 1950년대에 일어난 사건이 랙스 가문에 미친 치명적 결과를 추적한다. 헨리에타로부터 추출한 세포를 통해 확립한 불멸의 세포주는 지금도 과학 연구에서 폭넓게 사용된다. 그 세포주는 가난한 아프리카계 미국 여성의 생전 동의도 받지 않고 암 조직을 취해 확립한 것이다.

18. **Richard Titmuss**, *The Gift Relationship*, Allen and Unwin, 1970, reprinted LSE Books, 1997.
저자가 이 고전적인 책을 쓴 이후로 혈액과 기타 인체조직의 시장이 급진적으로 변화했고, 그의 선물 개념은 학문적 유행을 벗어나긴 했지만, 여전히 출발점으로 삼을 만한 중요한 분석이다.

19. Harriet A Washington, *Deadly Monopolies: The Shocking Corporate Takeover of Life Itself – and the Consequences for Your Health and Our Medical Future*, Doubleday, 2011.

    유전자 특허와 기타 의생명과학 분야의 기업적 상업화 양상에 대한 최신 정보를 담고 있다.

20. Catherine Waldby and Robert Mitchell, Tissue Economies: Blood, Organs and Cell Lines in Late Capitalism, Duke University Press, 2006.

    월드비와 미첼은 인체조직의 글로벌 정치를 떠받치는 구조의 일부가 얼마나 허술한지 보여준다. 선물과 상품을 구분하고 있지만, 선물조차 세계적 규모로 상업화되고 있기 때문에 인체는 상업적으로 이용할 공짜 조직을 제공하는 오픈 소스가 되어버렸다.

기념비적 판례

21. **다이아몬드 대 차크라바티**Diamond *v* Chakrabarty(447 US 303, 1980)

    살아 있는 유기체에 특허를 줄 수 있다고 판결한 첫 사례다. 원유를 분해하는 유전공학적인 세균에 대해 법정은 "하늘 아래 그 어떤 것도 사람이 만든 것이라면" 특허를 줄 수 있다고 판시했다. 여기서 '만든'이라는 단어를 강조했는데, 사실 발명자 스스로는 이미 존재하는 유전자를 섞어 조금 바꾼 것일 뿐이라고 이야기하기도 했다. 이제 인간의 유전자 다섯 개 중 하나는 특허의 대상이 되었는데, 대부분 민간 기업의 것이다.

22. **아기 M**In the matter of Baby M(270 NJ Supr 303, 1987)

'대리모' 산업이 발 디딜 선례를 남겼다. 산모는 유전학적 어머니로서 아이의 양육권을 원했지만, 유전학적 아버지의 손을 들어주었다. 그런데 모호한 점도 있다. 법정은 이 계약을 무효라고 판결했기 때문이다. 유전학적 아버지는 "이미 자기 소유인 것에 대해서 계약을 맺을 수 없다"는 가부장적 근거를 내세웠다. 산모이자 유전학적 어머니인 여성에게는 만날 수 있는 권리만 주고, 아버지에게는 이른바 '아이의 최선의 이익'을 따라 양육권을 주었던 것이다.

23. **무어 대 캘리포니아 대학교의 리전트사**Moore *v* Regents of the University of California(51 Cal 3rd120, 793 P 2d, 271 Cal Rptr 146, cert. denied 111 SCt 1388, 1990)

인체 소유권에 대한 역사적 판결이다. 무어의 비장과 다른 부위에서 적출한 조직은 이후 가치가 높아진 세포주를 만드는 데 사용되었는데, 자신이 이에 대한 소유권이 있다는 사실을 정립하지 못했다. 무어가 사전동의를 하지 않았다는 사실을 법정도 인정하기는 했다. (사실 무어는 백혈병 치료를 받을 때 조직을 계속 제거하는 것이 필수적이라는 식의 거짓말을 들었고, 법정도 이를 인정했다.) 다수 의견을 낸 판사들이 우려한 점은 첫째, 무어에게 소유권을 주면 제거한 인체조직이 '누구의 것도 아니다res nullius'라는 보통법 전통과 배치된다는 것, 둘째, 과학적 연구에 지장을 초래할 수 있다는 것, 셋째, 인체 부위의 시장이 만들어질 수 있다는 것이었다. 그러나 반대 의견을 낸 브로사드Allen Broussard 판사는 이미 시장은 존재하고 있으며, 이 시장에서 무어의 조직으로 이익을 누리지 못하는 사람은 무어뿐이라고 지적했다.

24. **하워드 플로리/릴랙신Howard Florey/Relaxin(European Patent Office Reports 541, 1994)**

릴랙신relaxin은 임부에게서 분비되는 단백질로, 출산을 수월하게 해주는 역할을 한다. 특허를 낸 하워드 플로리의 도덕성이 1994년에 문제가 되었다. 임부의 조직을 떼어내 영리를 취하고자 임신을 이용한 것은 인간 존엄성에 배치되는 행동이라는 것이다. 그러나 유럽특허청 이의신청담당국Opposition Division of European Patent Office은 조직이 여성의 동의 아래 적출되었으며, 여기서 유일한 쟁점은 상업적 이익이 아니라 개인의 동의라고 판결했다.

25. **R 대 켈리R v Kelly(3 All ER 741, 1998)**

조각가였던 켈리는 의사들의 동의를 받지 않은 채 왕립외과학회Royal College of Surgeons에서 보관하던 인체 부위를 빼내려고 동료와 공모했다. 자기 변론에서 그는 절도를 범하지 않았다고 주장했다. 이유인즉슨, 보통법 어디에서도 신체에 대한 재산을 인정하지 않는다는 것이었다. 대학은 인체 부위를 돌

려받으며 승소했다. 대학은 로크의 논변을 활용해 대학 구성
원이 기술과 노동을 들인 것이라고 주장했다.

26. **그린버그 대 마이애미 아동병원연구소**Greenberg et al. *v* Miami Children's Hospital Research Institute(208 F Supp 2d 918, 2002)

그린버그 가족은 기금을 모아 죽은 자녀들의 조직을 기증한
다음, 다른 가족들까지 카나반병Canavan Disease이라는 치명적
인 유전자 질환에 관한 연구 프로젝트에 등록시켰다. 그런데
연구소는 그린버그 가족과 다른 가족들이 모르는 상황에서
이 질환의 유전자 코딩에 대한 포괄적 특허를 받아냈고, 특허
를 받은 검사를 통해 로열티를 거둬들이기 시작했다. 아울러
진단검사 허가를 받은 검사실 수까지 제한했다. 그린버그 가
족과 다른 가족들은, 이러한 발견을 상업화하고 검사 비용을
댈 수 없는 부모들의 접근을 제한하려는 의도를 알았다면 그
간의 노력을 들이지 않았을 것이라고 주장했다. 그러나 사전
동의 규칙 위반, 선관주의의무 위반, 사기에 대해서는 패했
고, 부당 이익에 대해서만 승소했다. 그러나 이 사건은 상업
화된 의생명과학의 힘이 무어 대 캘리포니아 대학교의 리전
트사 재판에서처럼 깔끔하게 승리하지는 못한 사례다.

27. **워싱턴 대학교 대 카탈로나**Washington University *v* Catalona(437 F Supp 2d, ESCD Ed Mo, 2006)

카탈로나는 컨설턴트이자 연구자로서 전립선암에 대한 선구
적인 진단검사를 개발했다. 대학을 옮기면서 연구를 위해 모

아둔 전립선 조직 샘플 전부를 갖고 가길 원했고, 환자들의 동의도 얻었다. 그런데 해당 대학은 바이오뱅크의 상업적 가치가 워낙 커서 놓칠 수 없다고 판단했다. 대학 측은 이 뱅크가 대학에 속한 것이며, 환자들은 더 이상 소유권이 없으므로 조직들이 어떻게 사용될지 결정할 권한이 없다는 사실을 정립하는 데 성공했다. 대학이 승소하도록 수많은 연구 기관들이 변론 취지서를 제출하기도 했다. 이는 그만큼 막대한 상업적 이익이 걸렸다는 뜻이기도 했다.

28. **이어워스 대 북부 브리스톨 지역 NHS 기금**Yearworth *v* North Bristol NHS Trust**(3 WLR 1218, 107 BMLR 47, 2009)**

    암 치료 전에 적출한 정자 샘플을 병원이 부주의하게 잃어버렸거나 파괴했다는 남성들의 주장을 받아들여 그 소유권을 인정함으로써 역사적 판결이 된 사례. 판사들의 주장에 따르면 '의과학의 발전'이 지금 요구하는 것은, 살아 있는 인체의 일부 또는 그 산출물에 대한 소유권 문제를 보통법이 취급하고 분석하는 방식에 대한 재검토다. 그러나 여기에는 아무런 상업적 이익도 결부되지 않았다.

29. **틸루시 대 애리조나 주립대학교**Tilousi *v* Arizona State University **(filed 2005, case settles out of court 2010)**

    애리조나주의 하바수파이 인디언들은 예외적으로 당뇨 유병률이 높다. 여성이 55%, 남성은 38%다. 애리조나 주립대학교 연구자들은 이들의 당뇨 취약성에 유전학적 근거가 있는지 알아보기 위해 조직 샘플을 원했고, 인디언들은 기꺼이 협조했다. 그런데 연구자들이 참여자들 모르게 조현병이나 근친교배, 그리고 가계혈통을 연구하는 데도 표본을 사용한 사실이 드러났다. 그 연구 결과물이 15편의 논문으로 나왔는데, 부족의 입장에서는 모멸적이고 불쾌한 일이었다. 이들은 법정에 나와 연구가 허가를 받지 않은 상태에서 이루어졌으며, 조직표본에 대한 통제권이 자신들에게 있다고 주장했다. 법정은 연구의 목적이 무엇이든 광범위한 동의를 한 것으로 판시했지만, 대학 측이 재판으로 가지 않고 해결하는 쪽에 동의했다.

30. **분자유전학협회 대 미국특허청**Association for Molecular Genetics *v* Patent and Trade Office(No.2010-1406, Frd. Cir., 29 July 2011)

격론이 벌어졌던 이 사례는 BRCA1과 BRCA2 유전자 특허의 정당성에 대한 것이다. 특허는 미리어드가 보유 중이었고, 일부 유방암과 연관된 이 유전자의 변종에 대한 진단검사를 원하는 여성들은 3000달러가 넘는 검사 비용을 내야 했다. 유전자 자체에 대한 독점적 특허가 미리어드에 있었기 때문에 다른 연구자들은 저렴한 검사를 개발할 수도 없었다. 2010년에 뉴욕주 하급법원이 의료계와 환자들, 시민단체들의 주장을 받아들여 이러한 유전자 특허를 허가할 수 없다고 예상 밖의 판결을 내렸다. 2011년 7월, 상소법원은 2 대 1로 특허를 허가해야 한다고 판결했는데, 이는 "돼지의 귀환: 연방 하급법원이 미리어드의 특허 대부분을 회복시키다(Pigs returned to earth: Federal Circuit reinstates most-but not all-of Myriad's patents)"라고 업계 뉴스레터에도 실렸다. 2012년 3월 미국 연방대법원은 사건을 하급법원으로 환송해 재검토를 지시했지만, 결과가 바뀔지는 아무도 모른다(2013년 미리어드의 BRCA 유전자 특허는 무효 판결을 받았다 — 옮긴이).

문학작품

31. **Lori Andrews, *Sequence*, 2006.**
    로리 앤드루스는 의료법 교수로서 생명공학 상업화의 한계를 둘러싼 거의 모든 판례에 관여해왔다. 앞서 30번 항목에 나온 것처럼 인간 유전자의 특허가 가능한가라는 미리어드의 최근 판례도 물론이다. 그녀는 이미 유전학과 생명공학에 대한 몇 권의 스릴러를 저술하기도 했는데, 이것이 첫 작품이다.

32. **Margaret Atwood, *Oryx and Crake*, 2003.**
    (차은정 옮김, 《인간 종말 리포트》, 민음사, 2008)
    유전공학자 크레이크가 '파라다이스 프로젝트'를 통해 인류에 봉사하라고 만들어낸 '크레이커'들이 사는 세상에서 마지막 생존 인간은 '스노우맨'이다. 그런데 '질병' 이후에 아무것도 남지 않게 되었다. 한때 과학자였던 '스노우맨'은 '버블'로 위험한 여행을 시작한다. 그곳은 증강(강화) 프로젝트의 중심지인데, 어떻게 재난이 일어났는지 알아보려 한 것이다. 소설의 플롯은 진부하게 들리지만, 지옥 같은 분위기를 능수능란하게 그려냈다.

33. **Matthew Cobb, *The Egg and Sperm Race: The Seventeenth-Century Scientists Who Unravelled the Secrets of Sex, Life, and Growth*, 2006.**

    난자 속에 이미 성인의 모습을 다 갖춘 난쟁이가 들어 있다고 믿었던 시대부터 현재에 이르기까지 생식생물학을 둘러싼 과학적 이해가 어떤 여정을 거쳤는지에 대해 생생하고 놀라운 역사를 들려준다.

34. **Sarah Hall, *The Carhullan Army*, 2007.**

    42번 항목에 나오는 영화의 원작인 마거릿 애트우드의 《시녀 이야기The Handmaid's Tale》를 뒤집은 이야기로, 레이크 디스트릭트Lake District 타운을 무대로 하는 미래의 디스토피아에서 여성들은 피임 장치를 강제로 장착해야 한다. 그러나 홀이나 애트우드 둘 다 오늘날 여성의 생식 능력을 실제로 통제하는 방식은 예견하지 못했다. 오늘날에는 독재국가가 아니라 난자 '공여' 에이전시나 '대리모' 중개업 등의 상업적 이익이 통제한다.

35. **Nathaniel Hawthorne, "Rappaccini's Daughter", 1844.**

    중세 이탈리아 파도바의 의사 자코모 라파치니Giacomo Rappaccini는 자신의 과학 지식을 활용해 "그 어떤 권력이나 힘도 당해낼 수 없는 엄청난 재능"을 딸 베아트리체에게 주었다. 그러나 "왜곡된 지혜를 향한 그런 모든 노력에 수반되는 운명" 때문인지, 결국 그녀가 숨 쉬는 만큼 상대에게 독을 뿜어내도록 하는 것에 성공했을 뿐이다. 이 이야기는 해독제 때문에 베아트리체가 죽는 장면으로 끝난다. 라파치니의 앙숙이자 이웃인 피에트로 발리오니 교수가 이 광경을 창문으로 내다본다. 벼락이라도 맞은 듯 놀라는 라파치니에게 공포와 승리감이 뒤섞인 목소리로 큰소리를 친다. "라파치니! 라파치니! 그래, 이것이 당신 실험의 결말이란 말인가?"

36. **Annabel Lyon, *The Golden Mean*, 2010.**

근대 과학적 탐구의 아버지가 프랜시스 베이컨이라면, 할아버지로는 보통 아리스토텔레스를 생각할 것이다. 일인칭시점에서 절제된 언어로 쓰인 역사소설 속 아리스토텔레스는 현인이라기보다는 여기저기 더듬어 뭔가를 찾는 사람으로, 그러나 단호한 과학자로 그려진다.

37. **Christopher Marlowe, *The Tragedy of Doctor Faustus*, 1588.**
(이성일 옮김, 《포스터스 박사의 비극》, 소명출판, 2015)

포스터스는 흔한 육체의 유혹에 희생되지만(트로이에서 아름다운 헬렌이 살아 돌아오는 것을 보고 싶은 바람처럼), 엘리자베스가 생각하기에 그의 진짜 죄는 지적 자만에 있다. 무한한 과학적 지식을 소망한 죄이다. 프랜시스 베이컨이 태어나고 경험과학이 시작된 시대에, 이 교훈적 이야기는 이렇게 경고한다.

"그의 지독한 추락을 보라/ 운명의 악령이 지혜로운 자를 부추겨서/ 악랄한 짓에 크게 놀라게 할 뿐/ 그 깊은 추악함은 다가오는 지성을 죄다 꼬여서/ 천국의 권능이 허락하지 않는 짓을 저지르게 하는구나."

38. **David Mitchell, "An Orison of Sonmi-451", *Cloud Atlas*, 2005.**
(송은주 옮김, 《클라우드 아틀라스》, 문학동네, 2010)

테크놀로지의 디스토피아는 흔해 빠졌지만 이건 좀 다르다. 훨씬 예측 불가능하고 오싹한데, 보통의 실제적 내러티브를 담은 책에 실려 있는 그런 이야기는 아닌 게 확실하다. '손미-451'이라는 제조자는 사형당하기 전 생의 마지막 순간에 비인간 기록관에게 "엄마도 아빠도 아닌 우리 회사 로고맨 '파파 송Papa Song'을 아는" 봉사자로서 그녀와 같은 줄기세포 종족들과 삶을 함께했다고 회고했다.

39. **Marge Piercy, *Body of Glass*, 1991.**

바다에서 장기를 수확당할까 봐 마음 놓고 헤엄칠 수 없는 미래와 1600년 프라하의 유대인 게토 사이를 오가며 이야기가 펼쳐진다. 이 야심찬 소설은 신비한 사이보그인 악령의 전설을 활용해 유전공학과 증강(강화)에 대한 판타지를 파고든다.

40. **Richard Powers, *Generosity*, 2009.**

연구자이자 증강 옹호자인 토머스 커튼Thomas Kurton은 행복의 유전학적 토대를 발견했다고 주장하며, 젊은 여성 타사Thassa를 대상으로 이론을 검증하려 한다. 타사의 잔잔한 평화는 알

제리 시민전쟁의 충격적 경험 이후에도 문제가 없었기 때문이다. 노화 과정은 자연적 현상이 아니라 '만병의 근원'이라고 확신하게 된 커튼은 귀찮게 트집이나 잡는 생명윤리학자들로부터 괴롭힘을 당하는 선량한 남자로 그려진다.

영화

41. 〈네버 렛 미 고Never Let Me Go〉(2010)

    가즈오 이시구로Kazuo Ishiguro의 소설을 원작으로 한 영화로 다가올 미래를 비틀어낸 이야기이다. 인간의 장기를 위해 희생될 운명을 지닌 인간 클론 계급으로 양육된 젊은 여성의 관점에서 이야기하는 방식이다.

42. 〈시녀 이야기The Handmaid's Tale〉(1990)

    마거릿 애트우드Margaret Atwood의 소설이 원작으로, '대리모'를 디스토피아의 관점에서 바라본다. 여기서 대리모의 생식 능력은 하층계급 '시녀들'을 죽음의 고통으로 압박해 얻어내는 것이다.

43. 〈프랑켄슈타인Mary Shelly's Frankenstein〉(1994)

    과학을 한계선(생명을 만들어내는 일이라고 할 수도 있는 일)까지 끌어내는 데 강박적으로 집착하는 과학자 역에 케네스 브래너Kenneth Branagh를 캐스팅한 리메이크 영화이다.

44. 〈증강Fixed〉(2011)

리건 브래시어Regan Brashear가 만든 다큐멘터리로 장애와 증강
기술을 탐사했다.

45. 〈더티 프리티 씽Dirty Pretty Things〉(2002)

임상적인 세부 사항은 전혀 개연성이 없지만, 불법 장기매매
사건과 나이지리아의 호텔 메이드를 소재로 한 허구적 폭로
는 강력한 펀치 같은 효과가 있다.

46. 〈월−EWall-E〉(2008)

지구인들이 기술을 너무 사랑한 나머지 지구는 오염된 슬럼
이 되었다. 뒷정리를 하도록 남겨진 로봇 중 하나가 이 애니
메이션 영화에서 영웅이 된다. 증강을 둘러싼 논란에서 큰 쟁
점은 사람이 안드로이드를 더 닮는다면 인간의 도덕적 기준
을 잃어버리지 않을까 하는 것이다. 이 영화에서 남겨진 인간
의 도덕적 기준은 탐닉에 찌든 게으름뱅이에 맞춰져 있으며,
남겨진 로봇은 책임감 있고 다정하며 의무를 다하는 존재로
그려진다.

47. 〈투명 인간The Invisible Man〉(1933)

공포와 코미디가 공존하는 이 영화는 소설《프랑켄슈타인》처
럼 과학이 허락한다면 무엇이든 할 경우 무슨 일이 일어날지
를 둘러싼 고전 중 하나거나, 아니면 비과학적인 헛소리다(둘
다일 수도 있다).

48. 〈메이드 인 인디아Made in India〉(2011)

레베카 헤이모위츠Rebecca Haimowitz와 베이샬리 신하Vaishali Sinha가 어느 텍사스 부부에 대한 실제 이야기로 제작한 다큐멘터리다. 이 부부는 자신들이 선택한 인도인 '대리모'가 자신들을 위해 쌍둥이 아기를 임신하는 대가로 7000달러를 제대로 건네받았다고 믿었다. 중개인에게는 별도의 비용을 지불한 터다. 이 다큐멘터리를 시청하는 우리는 대리모가 실제로 받은 돈이 2000달러밖에 되지 않는다는 사실을 알게 된다. 금액이 터무니없이 적기도 하지만, 정말로 충격적인 것은 서서히 드러난다. 시청자들은 작은 체구의 인도 여성들이 우람한 골격의 서구 남성을 아버지로 둔 아기를 임신하는 데 (특히 쌍둥이일 때에는 더 큰) 위험이 따른다는 것을 분명히 인식하게 된다. 그들은 필요하면 제왕절개를 받아 아기를 낳고, 비용은 대리모 클리닉이 지불한다. 그런데 이로 인해 증가하는 위험은 어떻게 되는 것일까? 의료적 감독이나 보호가 없는 채로 집에서 아기를 또 낳을 때 감당할 위험은 누구의 책임이란 말인가?

49. 〈침묵의 소리Inherit the Wind〉(1960)

'원숭이 실험'은 스콥스John Scopes라는 테네시의 교사가 다윈의 진화론을 가르치다 기소를 당한다는 이야기인데, 이 이야기에 기초한 드라마다. 과학의 진보를 이끄는 힘들이 근본주의자들의 편견에 맞서 싸운다. (〈옛날식 종교를 내게 주세요Gimme

that old-time religion〉이라는 음악으로 영화가 시작된다.) 진보가 패배
한다.

50. 〈흰 양복의 사나이The Man in the White Suit〉(1951)

일링 코미디Ealing comedy이다. 앨릭 기니스Alec Guinness가 순진
한 발명가 역을 맡았다. 그는 자신이 창조한 절대 닳지 않는
섬유가 사회에 요긴한 것으로 환영받을 줄 알았는데, 그 일로
사방에 적이 생겼다. 의류 제조업에 종사하는 노동자들에게
실직의 위협이 닥쳤고, 고용주들은 파산의 위험에 놓였기 때
문이다. '과학이 허락하면 다 해도 되는가?'라는 질문에 노동
자들과 고용주들은 절규하는 목소리로 '노No'라고 답한다.

웹사이트

51. Biopolitical Times: www.biopoliticaltimes.org

52. Bioedge: www.bioedge.org

53. Bionews: www.bionews.org.uk

54. Hastings Center 'Bioethics Forum': www.thehastingscenter.
    org/bioethicsforum

55. Sense about Science: www.senseaboutscience.org

56. RH Reality Check: www.therealitycheck.org

57. Philosophy Bites: www.philosophybites.com(아이튠즈로도 볼
    수 있음)

58. Genethique(프랑스어 사이트): www.genethique.org

59. The New Atlantis: www.thenewatlantis.com

60. Little Atoms 라디오 프로그램: www.littleatoms.com

싱크탱크와 활동가 조직

61. **유전학과 사회 연구센터**The Center for Genentics and Society

    "새로 나오는 인간 유전공학적인 기술과 생식기술을 책임 있게 활용하도록, 그리고 사회적 거버넌스가 효과적으로 운영되도록 하기 위해 일하는 비영리 정보 및 공무 조직 …… 이 센터가 지지하는 사항으로는, 국내외에서 의료기술의 공평한 제공, 건강과 생식에 대한 여성의 권리, 우리 아이들 보호, 장애인의 권리 보호, 자연세계의 근본적인 프로세스를 바꿀 수 있는 기술의 사용에 대한 사전주의precaution 원칙(위험이 없다는 증거가 있어야 허가하는 원칙—옮긴이) 등이 있다"(www. geneticsandsociety.org에서 인용). 또 이 단체는 매우 유용한 뉴스와 뉴스 분석을 담아 주간지 《바이오폴리티컬 타임스 Biopolitical Times》를 발행하고 있다.

62. **헤이스팅스 센터**The Hastings Center

    "1969년 창립 이래 생명윤리와 공익에 헌신하는 초당파적 연구 기관이다"(www.thehastingscenter.org에서 인용). 또 이 연구소에서는 잘 알려진 저널인 《헤이스팅스센터 보고서Hastings

Center Report》와 《생명윤리 요약집Bioethics Briefing Book》을 내놓고 있다.

63. **넛필드 생명윤리 연구회**The Nuffield Council on Bioethics

"생물학과 의료에서 윤리적 쟁점을 검토하고 보고하는 독립 기관이다. 1991년 넛필드재단Nuffield Foudation의 이사회에서 발족시켰는데, 1994년 이후에는 이 재단과 웰컴트러스트 Wellcome Trust, 의학연구위원회Medical Research Council가 함께 재정지원을 한다"(www.nuffieldbioethics.org에서 인용). 전문 자문 위원단의 자문을 거친 후 해당 주제에 대한 보고서를 발간하고 있다.

64. **코너하우스**The Corner House(www.thecornerhouse.org.uk)

환경과 부패와 생명윤리를 둘러싼 쟁점을 잘 풍자하는 독립적인 캠페인 조직이다.

65. **우리 몸은 우리가**Our Bodies Ourselves(www.ourbodiesourselves.org)

1970년에 창설되어('Boston Women's Health Book Collective'로 시작함) 여성의 생식권을 옹호하고 관련 정보를 제공하는 센터로 활동 중이다.

66. **진워치**GeneWatch(www.genewatch.org)

비영리 활동조직으로서 완성도 높은 조사 기록을 제공한다. 일반적으로 대중이 접근할 수 없는 정보를 자주 제공하는데, 이런 정보는 정보공개법Freedom of Information Act을 활용하거나 소송을 통해 얻는다.

67. **인간적인 생명공학을 위한 연합회**The Alliance for Humane Biotechnology(www.humanebiotech.com)

캘리포니아의 활동가 조직으로, 주요 활동 분야는 생식 및 유전공학기술, 인간 난자 구득求得, 복제 연구, 장애인 권리, 생명공학기술 특허, 인간-동물 하이브리드 연구와 합성생물학 등이다. 최근에 이룬 괄목할 만한 성과는 난자 제공자들에 관한 첫 전국 등록부를 만들기로 체외수정 산업계와 합의를 끌어낸 것이다. 이 등록부를 통해서 난소과자극의 장기적 위험을 모니터링할 수 있게 되었다.

68. **책임감 있는 유전학을 위한 연대**The Council for Responsible Genetics(www.councilforresponsiblegenetics.org)

과학자와 보건활동가와 생식권 옹호자가 모인 연대로서, 노력이 성공해 미국 유전정보에 의한 차별금지법US Genetic Information Nondiscrimination Act을 입안하는 데 이르렀다.

69. **싱귤라리티 대학교**Singularity University(singularityu.org)

구글, 노키아, 시스코와 그 외 기술회사가 나사NASA와 함께 2008년에 공동 창설했다. "인류에 대한 엄청난 도전Grand Challenges(원래 대문자로 쓰여 있음)이 낳은 문제를 해결하기 위해 고도로 발전된 기술을 이해하고 개발하는 선구자들을 모으고 교육하며 영감을 주기 위해" 만들었다. 이 조직은 트랜스휴머니스트/증강(강화) 의제를 적극적으로 추구하는데, 이와 관련해 《뉴욕타임스》에서 "싱귤라리티 대학교에서 불멸이

라는 주제를 전공할 수도 있다"라는 제목의 긴 기사를 싣기도
했다.

70. **미국 대통령 생명윤리 심의위원회**The President Commission for the
Study of Bioethical Issues(http://bioethics.gov)

2009년에 오바마 대통령이 조직했으며, 위원장에 에이미 거
트먼Amy Gutman 교수를 임명했다. 2011년 8월에는 1940년대
에 과테말라에서 발생한 연구윤리 위반 사례를 조사하겠다고
발표했다. 이는 피험자들에게 고의로 성병을 감염시킨 사건
이다(7장 참고).

주요 개념

해당하는 장의 본문과 용어 박스를 참고하라.

71. 정의(1장)

72. 신체에 대한 소유권(2장)

73. 착취와 취약성(1, 2, 7장)

74. 유전자의 특허 가능성(5장)

75. 생물학적 결정론(4장)

76. 유전자의 신비/유전자 예외주의(4장)

77. 죽이는 것과 죽게 내버려두는 것(6장)

78. 자율성(1장)

주요 사상가

해당하는 장의 본문과 용어 박스를 참고하라.

생명윤리 분야에서 좋게 또는 나쁘게 유명한 인물과 단체

주

1장

1 Darnovsky, M., "Moral questions of an altogether different kind: progressive politics in the biotech age", *Harvard Law and Policy Review* 4, 2010, pp.99–119.

2 Matas, D. and D. Kilgour, *Bloody Harvest: Revised Report into Allegations of Organ Harvesting from Falun Gong Prisoners in China*, Hamilton, Ontario: Seraphim Editions, 2009. 킬거와 마타스는 2010년 노벨상 후보에 올랐다.

3 Dickenson, D. *Body Shopping: Converting Body Parts to Profit*, Oxford: Oneworld, 2009.

4 Pande, A., "Commercial surrogacy in India: manufacturing a perfect mother-worker", *Signs: Journal of Women in Culture and Society* 35, 2010, pp.965–992. 상업적 대리모 실태에 대해서는 〈인도산(Made in India)〉이라는 다큐멘터리 영화에서도 다루고 있다. 레베카 헤이모위츠(Rebecca Haimowitz)와 베이샬리 신하(Vaishai Sinha)가 감독을 맡았다.

5 Frankli, S., "Ethical biocapital" in S. Franklin and M. Lock(eds.), *Remaking Life and Death: Towards an Anthropology of the Biosciences*,

Santa Fe, NM: Society of American Research Press, 2003, p.100.

6   Harris, J., "Scientific research is a moral duty", *Journal of Medical Ethics*, 31, 2005, pp.242-248. 242쪽을 볼 것.

7   앞의 글.

8   자세한 내용은 다음을 참조. Dickenson, *Body Shopping*; Spar, D. L., *The Baby Business: How Money, Science and politics Drive the Commerce of Conception*, Cambridge, MA: Harvard Business School Press, 2006; Cooper, M., *Life as Surplus: Biotechnics and Capitalism in the Neoliberal Era*, Seattle, WA: University of Washington Press, 2008.

9   Maranto, G., "Ethical imaginaries", *Biopolitical Times* 30, 2011(March). www.biopoliticaltimes.org/article.php?id=5651(검색일: 2011.4.4).

10 Eliott, C., *White Coat, Black Hat: Adventures on the Dark Side of Medicine*, Boston: Beacon Press, 2010, p.3 ff.

11 Rennie, S., "Viewing research participation as a moral obligation: in whose interests?", *Hastings Center Report* 41, 2011, pp.40-47.

12 Baylis, F., "For love or money? The saga of the Korean women who provided eggs for embryonic stem cell research", *Journal of Theoretical Medicine and Bioethics* 30, 2009, pp.385-396.

13 Kitzinger, J., "Questioning the sci-fi alibi: a critique of how science-fiction fears are used to explain away public concerns about risk", *Journal of Risk Research* 13, 2009, pp.73-86.

14 인용 출처는 Dickenson, D., "Unseen rise of body shopping", *The Sunday Times*, 2008.4.20.

15 Alexander, S., "They decide who lives, who dies", *Life* 53, 1960, pp.102-125.

16 Hope, T., *Medical Ethics: A Very Short Introduction*, Oxford: Oxford University Press, 2004, p.69.

17 Evans, J. H., "A scholarly account of the growth of principlism", *Hastings Center Report* 30, 2000, pp.31−38.

18 Beauchamp, T. and J. Childress, *Principles of Biomedical Ethics* 1st edtition, New York: Oxford University Press, 1979(5th edition, 2009).

19 Dickenson, D., "Cross-cultural issues in European bioethics", *Bioethics* 3, 1999, pp.249−255.

20 Senitulli, L., "They came for sandalwood, now the b···s are after our genes!", Paper presented at the conference 'Research ethics, tikanga Maori/indihenous and protocols for working with communities', Wellington, New Zealand, 2004(June).

21 Sherwin, S., *No Longer Patient: Feminist Ethics and Health Care*, Philadelphia, PA: Temple University Press, 1993; McLeod, C. and F. Baylis, "Feminists on the inalienability of human embryos", *Hypatia* 21, 2006, pp.1−24.

22 Pappworth, M., *Human Guinea Pigs: Experimentation on Man*, Boston: Beacon Press, 1967.

23 Elliott, White Coat, Black Hat, p.170.

2장

1 "Girls! Sell your eggs and enjoy the night life of Chennai", *Bioedge*, 2009.7.4. www.bioedge.org(검색일: 2011년 4월 11일).

2 Waldby, C. and M. Cooper, "The biopolitics of reproduction: post-Fordist biotechnology and women's clinical labour", *Australian*

Feminist Studies 23, 2008, pp.57–73.

3 Jasanoff, S. *Designs on Nature: Science and Democracy in Europe and the United States*, Princeton University Press, 2005.

4 Johnson, S., "Ethics of reproductive tourism questioned", *Blog Bioethics Net*, 2010.5.20.

5 Robert Hintze, "It's a moral imperative", *Bioedge*, 2010.6.25. www.bioedge.org(검색일: 2011년 4월 12일).

6 Beth Goodman, H. Nosheen, and K. Schillmann, "The most wanted surrogates in the world", *Biopolitical Times*, 2010.10.20. www.geneticsandsociety.org/article.php?id=5421(검색일: 2011년 8월 29일)에서 인용.

7 *On Liberty*, 1859, 1장.

8 HFEA, *SEED Report: A Report on the HFEA's review of sperm, Egg and Embryo Donation in the United Kingdom*, London: HFEA, 2006, section 4.3.

9 Marquadt E., N. D. Glenn and K. Clark, *My Daddy's Name is Donor*, New York: Center for American Values, 2010.

10 Marquadt, E., "Is the glass half full or half empty? Debating the research on donor offspring: A reply to Blyth and Kramer's critique of My Daddy's Name is Donor", *Bionews*, 2010.10.25.

11 Vickers, H., "Sperm and egg donors should be paid more, experts claim", *Bionews*, 2010.10.25에 대한 익명의 독자의 글.

12 Titmuss, R., *The Gift Relationship*, London: Allen and Unwin, 1970.

13 www.eggdonation.com(검색일: 2011년 4월 11일), 캘리포니아 소재 에이전시인 이 회사는 고객들에게 좋은 공여자를 찾을 수 있도록 잘 인도하겠다고 약속한다. 그리고 잠재적인 난자 판매자들에게는 안전

한 여행을 보증할 뿐 아니라 중요한 선물을 주는 데 대해서 보수를 지급하고 최상의 보상을 할 거라고 약속한다. 그러면서 이 여성들을 천사로 대할 것이라고 덧붙인다.

14 존슨 대 칼버트 사건(Johnson v Calvert)의 1993년 판례(5 Cal 4th 84)에서는 아이를 키울 의도를 처음으로 표한 여성이 양육권을 갖는다고 명시했다. 법정이나 캘리포니아 의회 어느 곳도 대리모와 난자 판매가 합법이라고 명시한 적이 없었다. 영국에서는 2011년에 두 개의 명시적으로 모순되는 판례가 만들어졌다. 아기 L과 관련해서(Baby L case) 한 판례는 미국에서 이루어진 계약 임신에 대해서 그 아이의 최선의 이익을 고려한다는 이유로 영국 부부에게 양육권을 주었다. 다른 판례에서는 아이와 애착이 생겼다는 점을 근거로 출산모는 아이를 인도하지 않을 권리가 있다며 대리모 편을 들어주었다. 두 가지 모두 아이의 최선의 이익을 고려한다는 근거를 들어 내린 판결이었다. 따라서 겉보기보다 모순이 적다.

15 Thernstrom, M., "My futuristic insta-family", *New York Times Magazine*, 2011.1.2, pp.34–35. 선스트럼은 두 개의 배아를 만들 수 있도록 난자를 팔았던 여성을 '기부 요정(Fairy Goddonor)'이라고 불렀다.

16 *Bionews* 580, 2010.10.18. www.bionews.org(검색일: 2011년 4월 11일)에서 인용.

17 Goodwin, M. B., *Baby Markets: Money and the New Politics of Creating Families*, Cambridge University Press, 2010.

18 Spar, D., *The Baby Business: How Money, Science and Politics Drive the Commerce of Conception*, Cambridge, MA: Harvard University Press, 2006.

19 Goodwin, *Baby Markets*, pp.23–40, p.23.

20 *Bioedge*, 2009.6.12. www.bioedge.org(검색일: 2009년 4월 11일).

21 Abigail Howarth, "Surrogate mothers-womb for rent", *Marie Claire*, 2007.7.29에 수록된 대리모 여성 인터뷰에서 인용.

22 Widdows, H., "Ethics and global governance: the poverty of choice", *Professorial Inaugural Lecture*, University of Birmingham, 2011.3.24.

23 Pande, A., "Commercial surrogacy in India: manufacturing a perfect mother-worker", *Signs: Journal of Women in Culture and Society* 35, 2010, pp.965−992.

24 앞의 글.

25 *Bioedge*, 2010.5.22. www.bioedge.org(검색일: 2009년 4월 11일).

26 Honore, A. M., "Ownership" in A. G. Guest(ed.), *Oxford Essays in Jurisprudence*, Oxford: Oxford University Press, 2011.

27 Satz, D., *Why Some Things Should Not Be For Sale: The Moral Limits of Markets*, Oxford: Oxford University Press, 2011.

28 *The Visible and the Invisible*, Evanston, IL: Northwestern University Press, 1968, p.37.

29 Merchant, J. "Le pouvoir de procréer par assistance médicale; la vision de la société nord-américaine", *L'embryon, le foetus, l'enfant: assistance médicale à la procréation [AMP] et lois de bioéthique*, Paris, Edition ESKA, 2009.

30 Dickenson, D., *Property, Women and Politics*, Cambridge: Polity Press, 1997; Dickenson, D., "Property and women's alienation from their own reproductive labour", *Bioethics* 15, 2001, pp.205−217.

31 Kramer, W., J. Schneider and N. Schultz, "US oocyte donors: a retrospective study of medical and social issues", *Human Reproduction* 2009. 10.193/humrep/dep309(검색일: 2011년 4월 12일).

32 Gurmankin, A. D., "Risk information provided to prospective oocyte donors in a preliminary phone call", *American Journal of Bioethics* 1, 2002, p.4.

33 Levine, A. D., "Self-regulation, compensation and the ethical recruitment of egg donors", *Hastings Center Report* 40, 2010, pp.25–36. 83개의 미국 대학신문에 실린 광고를 조사한 결과, 광고의 4분의 1 정도가 ASRM(American Society for Reproductive Medicine)의 난자 판매 지침인 '개당 5000달러(예외적인 경우에 1만 달러)'의 기준을 어기고 있었다. ASRM의 지침을 어긴 광고들 중 많은 경우 2만 달러를 제시했고, 3만 5000달러를 제시하는 경우도 더러 있었으며, 심지어 5만 달러를 준다는 곳도 있었다.

34 Coeytaux, F., M. Darnovsky and S. Fogel, "Editorial: Assisted reproduction and choice in the biotech age: recommendations for a way forward", *Contraception*, 2011.1.

35 "A robust, particular assessment of medical tourism", *Developing World Bioethics* 11, 2010, pp.16–29.

36 Pet, D., "India moves toward regulation of assisted reproduction and surrogacy", *Biopolitical Times*, 2010.2.10. www.biopoliticaltimes.org(검색일: 2011년 4월 12일).

37 Ikemoto, L., "Eggs as capital: human egg procurement in the fertility industry and the stem cell research enterprise", *Signs* 34, 2009, pp.763–781, pp.768, 779.

38 아르헨티나 역시 기술적으로 발달했으나 규제가 가벼워서 난자 판매 시장이 활발하다. Smith, E., J. Berhman, C. Martin and B. Williams-Jones, "Reproductive tourism in Argentina: clinic accreditation and its implications for consumerism health professionals and policy makers", *Developing World Bioethics* 10,

2010, pp.59-69.

39 Humbyrd, C., "Fair trade international surrogacy", *Developing World Bioethics* 9, 2009, pp.111-119.

40 "Justice and the market domain" in J. W. Chapman and J. R. Pennock(eds.), *Nomos XXII: Property*, New York: NYU Press, 1989, p.175.

3장

1 Levitt, M. and F. K. O'Neill, "Making humans better and making better humans", *Genomics, Society and Policy* 6, 2011, pp.1-14.

2 Buchanan, A., *Beyond Humanity? The Ethics of Biomedical Enhancement*, Oxford: Oxford University Press, 2011, p.23.

3 Rose, N., *The Politics of Life Itself: Biomedicine, Power and Subjectivity in the Twenty-First Century*, Princeton: Princeton University Press, 2007, p.17.

4 Habermas, J., *The Future of Human Nature*, Cambridge: Polity, 2003; Buchanan, *Beyond Humanity*, p.5에서 재인용.

5 Agar, N., *Liberal Eugenics: In Defence of Human Enhancement*, Oxford: Blackwell, 2005.

6 Dickenson, D., *Body Shopping: Converting Body Parts to Profit*, Oxford: Oneworld, 2009, p.3.

7 Schneider, S. W., "Jewish woman's eggs: a hot commodity in the IVF marketplace", *Lilith* 26, 22, 2001; Levine, A. D., "Self-regulation, compensation and the ethical recruitment of oocyte donors", *Hastings Center Report* 40, 2010, pp.25-36.

8 Parker M., "The best possible child", *Journal of Medical Ethics* 33,

2007, pp.279—283.

9   Lo, Y. M. D. et al., "Maternal plasma DNA sequencing reveals the genetic and mutational profile of the fetus", *Science and Translational Medicine* 2, 2010, p.61.

10 Darnovsky, M., "One step closer to designer babies", *Biopolitical Times*, 2011.4.22. www.geneticsandsociety.org/article.php?id= 5687(검색일: 2011년 4월 29일).

11 Human Genetics Commission, *Increasing Options, Informing Choice: A Report on Preconception Genetic Screening*, London: Human Genetics Commission, 2011.

12 Allahbadia, G. N., "The 50 million missing women", *Journal of Assisted Reproduction and Genetics* 19, 2002, pp.411—416.

13 Thiele, A. T. and Their, B., "Towards an ethical policy for the prevention of fetal sex selection in Canada", *Journal of Obstetrics and Gynecology* 32, 2010, pp.54—57.

14 da Saille, S., "Is sex selection illegal and immoral?", *Bionews*, 2011.3.28.

15 Savulescu, J., "Procreative beneficence: why we should select the best children", *Bioethics* 15, 2001, pp.413—426; "Deaf lesbians, designer disability and the future of medicine", *British Medical Journal* 325, 2002, pp.771—773.

16 Fried, C., *Right and Wrong*, Cambridge, MA: Harvard University Press, 1978, p.13.

17 Savulescu, J., "Personal choice: letter from a doctor as a dad", in K. W. M. Fulford, D. L. Dickenson and T. H. Murray(eds.), *Healthcare Ethics and Human Values*, Oxford: Blackwell, 2002, pp.109—110.

18 Richards, J., "But didn't you have the tests?", in Fullford, Dickenson and Murray(eds.), *Healthcare Ethics*, pp.232—235, at pp.234—235.

19 Parker, "The best possible child", p.281.

20 le Doeuff, M., *Le sexe du savoir*(The Gender of Knowledge), Paris: Champs Flammarion, 2000, 필자 번역.

21 Harris, J., *Enhancing Evolution*, Princeton, NJ: Princeton University Press, 2007, p.9.

22 Huxley, A., *Brave New World*, New York: Harper Collins, 1994, p.217.

23 Buchanan, *Beyond Humanity*, p.221.

24 Annas, G., "Cell division", *Boston globe*, 2005.4.21; Buchanan, *Beyond Humanity*, p.225에서 재인용.

25 Buchanan, *Beyond Humanity*, p.226.

26 de Andrade, N. N. G., "Human genetic manipulation and the right to human genome", *Scripted* 7(December), 2010.

27 Sandel, M., "The case against perfection: what's wrong with designer children, bionic athletes and genetics engineering", *Atlantic Monthly* April, 2004. www.theatlantic.com/past/docs/issues/2004/sandel.htm(검색일: 2011.5.4.).

4장

1 Nelkin, D. and M. S. Lindee, *The DNA Mystique: The Gene as Cultural Icon*, New York: WH Freeman and Company, 1995, pp.41—42.

2 Paxman, R., "Study suggests gene linked to credit card debt", *Bionews*, 2010.5.10. www.bionews.org.uk/page_59621.asp(검색일:

2011년 5월 10일). 이 연구는 18~26세 2500명을 대상으로 했는데, 당시 상호 심사 학술지에 실리기도 전 언론에 보도되기를, MAOA (monoamine oxidase A) 유전자가 신용카드 채무 증가와 같은 충동적 행동과 관계있다고 했다.

3 Knafo, A. et al., "Individual differences in allocation of funds in the dictator game associated with length of the arginine vasopressin 1a receptor RS3 promoter region and correlation between RS3 length and hippocampal m RNA", *Genes, Brain and Behaviour* 7, 2008, pp.266–275.

4 Fowler, J. H. and Dawes, C. T., "Two genes predict voter turnout", *Journal of Politics* 70, 2007, pp.579–594.

5 Medved, M. "Respecting-and recognizing-American D.N.A.", 2008. www.townhall.com(검색일: 2011년 5월 12일).

6 Chadwick, R., "Are genes us? Gene therapy and personal identity", in G. K. Becker(ed.), *The Moral Status of Persons*, Amsterdam: Rodopi, 2000, pp.183–194.

7 물론 이것은 지나친 단순화다. 나바호 원주민은 푸에블로 인디언들보다 늦게 미국 남서부로 이주했다. 예를 들어 푸에블로 인디언들은 산타페 북서부에 있는 반델리어 천연기념물(Bandelier National Monument)의 프리졸스 캐니언(Frijoles Canyon)을 떠나 다른 곳으로 이주했다.

8 "Free will an illusion, says noted US biologist", *Bioedge*, 2010.2.15.

9 Dawkinsm R., *The Selfish Gene*, Oxford: Oxford University Press, 1976.

10 여기에 실은 용어 정의는 거의 다 《바이오뉴스(Bionews)》의 용어 해설에 있고, 웹사이트(www.bionews.org.uk)에서 볼 수 있다.

11 Fatimaths, L., "Happy disposition? New study claims it could be in

your genes", *Bionews*, 2011.5.9. www.bionews.org.uk/page_94153 에서 찾을 수 있다(검색일: 2011년 5월 12일).

12 Amos, C. I., M. I. Spitz and P. Cinciripini, , "Chipping away at the genetics of smoking behaviour", *Nature Reviews Genetics* 42, 2010, pp.366–368.

13 Collins, F., *The Language of Life: DNA and the Revolution in Personalized Medicine*, New York: HarperCollins, 2010.

14 Sulston, J.(with G. Ferry), *The Common Thread: Science, Ethics, Politics and the Human Genome*, London: Corgi, 2003; Collins, *The Language of Life*, 2010.

15 Gee, H., quoted in "Editorial: Best is yet to come", *Nature* 470, 2011, p140, 2011.2.9., doi: 10.1038/470140a.

16 GeneWatch, *History of the Human Genome*, Buxton: Genewatch UK, 2010.

17 Wade, N., "A decade later, genetic map yields few cures", *New York Times*, 2010.6.12.

18 Paynter, N. P. et al., "Cardiovascular risk disease prediction with and without knowledge of genetic variation at chromosome 9.p21.3", *Annals of Internal Medicine* 150, 2009, pp.65–72.

19 Brody, H., *The Future of Bioethics*, New York: Oxford University Press, 2009, p.9.

20 Pearson, H., "One gene, twenty years", *Nature* 460, 2009, pp.164–169에서 재인용.

21 Heard, E. et al., "Ten years of genetics and genomics: what have we learned and where are we heading?", *Nature Reviews Genetics* 11, 2010, pp.723–733, at p.723.

22 Monk, M., "The new epigenetics", *Bionews*, 2009.11.9. 환경과 유

전자의 기능 사이의 상호작용에 관한 최근 연구 결과에 대한 심화된 논의는 다음을 참고. Carey. B., "Genes as mirrors of life experiences", *New York Times*, 2010.11.8.

23 통가 사례에 관한 더 많은 논의는 나의 책 두 권을 참고. Dickenson, *Body Shopping*, p.104 ff; *Property in the Body*, p.162 ff.

24 Senituli. L., "They came for sandalwood, now the b⋯s are after our genes!" 라는 제목으로 "Research ethics, Tikanga Maori/indigenous and protocols for working with communities", Wellington, New Zealand, 2004.6.10~12에서 발표한 내용.

25 Mead, H. M., *Tikanga Maori: Living by Maori Values*, Wellington, NZ: Huia Publishers, 2003.

26 이런 딜레마에 대한 더 많은 사례는 Dickenson, D., R. Huxtable and M. Parker, "Genetics: information, access, and ownership", *The Cambridge Medical Ethics Workbook*, 2nd edn, Cambridge: Cambridge University Press, 2010, Chapter 3.

5장

1 Jensen, K., and F. Murray, "International patenting: the landscape of the human genome", *Science* 310, 2005, pp.239−240.

2 Diamond *v* Chakrabarty [1980] 447 US 303.

3 Knowles, L. B., "Of mice and men: patenting the onco-mouse", *Hastings Center Report* 33, 2003, pp.6−7.

4 하워드 플로리/릴랙신(Howard Florey/Relaxin) 사례(European Patent Office Reports, 1995, p.541)에서 독일 녹색당은 특허 부여에 반대하면서, 임신한 여성에게 분비되는 호르몬 릴랙신(relaxin)을 합성한 제형인 이 약에 특허를 주는 것이 노예 소유에 해당한다는 논거

를 제시했다. 여성의 몸에서 생체조직을 분리해내 영리회사에 판매하는 것과 같다는 것이다. 이에 대한 반박 근거는 두 가지다. 첫째, 유전 물질을 제공한 여성에게서 사전동의를 얻었다는 것이고, 둘째, 개별 여성의 신체조직에는 특허가 부여된 적이 없다는 것이다. 합성 제형은 그렇게 만들어지지 않기 때문이다.

5 Andrews, L. B., "Genes and patent policy: rethinking intellectual property rights", Nature Reviews *Genetics* 3, 2002, pp.803–808.

6 Goldman, B., "HER2: the patent 'genee' is out of bottle", *Journal of the Canadian Medical Association* 176, 2007, pp.1443–1444; Barrett, A. et al., "How much will Herceptin really cost?", *BMJ* 333, 2006, p.1118.

7 Cooper, M., *Life as Surplus: Biotechnology and Capitalism in the Neo-Liberal Era*, Seattle: University of Washington Press, 2008.

8 Association for Molecular Pathology et al. v US Patent and Trade Office et al., 669 F Supp 2d 265 [29 March 2010].

9 Eisenberg, R. S., "How can you patent genes?", *American Journal of Bioethics* 2, 2002, pp.3–11, 4.

10 이 구분에 대한 더 진전된 내용은 다음을 참고. Waldron, J., *The Right to Private Property*, Oxford: Clarendon Press, 1988.

11 Dickenson, D., "The lady vanishes: what's missing from the stem cell debate", *Journal of Bioethical Inquiry* 3, 2006, pp.43–54.

12 국가(미국)에 제출하는 '법정의 친구(amicus curiae)' 의견서(법정조언자 의견서)는 양측 소송 당사자 어느 쪽도 지지하지 않았는데, 이 내용의 자료는 다음에 나와 있다. 29 October 2010, no. 2010–1406, in: Association for Molecular Pathology et al. v US Patent and Trade Office and Myriad Genetics Inc., p.10. 법정조언자 의견서가 다소 양가적이었다. 복제된 형태의 유전자인 cDNA가 특허를 받을

수 있도록 빠져나갈 구멍도 만들어두었다.

13 예를 들면 1조. "인간 게놈은 인간 고유의 존엄성과 다양성의 인정, 그리고 인류 전체의 근본적 단일성의 기초가 된다. 상징적 의미에서 이것은 인류 전체의 유산이다"(우리말 번역은 유네스코 한국위원회 인터넷 홈페이지 참고─옮긴이).

14 Boyle, J., "The second enclosure movement and the construction of the public domain", *Law and Contemporary Problems* 66, 2003, pp.33–74, 37.

15 Hardin, G., "The tragedy of the commons", *Science* 162, 1968, 1243 ff.

16 Gunn, N. M., *Butcher's Broom*, Edinburgh: Polygon, 2006, pp.231–232.

17 Dickenson, D., *Body Shopping: Converting Body Parts to Profit*, Oxford: Oneworld, 2009, p.159.

6장

1 Brown, E., "CIRM funds Geron Corp.spinal cord injury trial", *Los Angeles Times*, 2011.5.4.

2 Girgis, S., "The scientists knew they were lying?", *Public Discourse*, 2011.4.13. www.thepublicdiscourse.com/2011/04/2490(검색일: 2011년 5월 27일).

3 Darnovsky, M., "Stem cell politics and progressive values", *Biopolitical Times*, 2006.6.15. www.genetisandsociety.rsvp1.com/article.php?id=1951&mgh=http%3A%2F%2Fwww.geneticsandsociety.org&mgf=1(검색일: 2011년 5월 27일).

4 Jackson, E., "Fraudulent stem cell research and respect for the

embryo", *Bioscience* 1, 2006, pp.349-356. 이 입장을 택하는 것이 상당히 이상하다고 생각할 수 있다. 핵을 제거한 난자와 체세포를 사용할 때 체세포를 기증한 사람의 클론이 만들어질 수 있는 기술이기 때문이다. 생식 목적의 복제는 거의 모든 국가에서 불법으로 규정하는 반면, 미국은 이를 금지하는 연방 차원의 법이 없는 상황이다.

5   Thompson, J. A. et al., "Embryonic stem cell lines derived from human blastocysts", *Science* 282, 1998, pp.1145-1147.

6   Takahashi, K. et al., "Induction of pluripotent stem cells from adult fibroblasts by defined factors", *Cell* 131, 2007, pp.861-872.

7   Zhao, T. et al., "Immunogenicity of induced pluripotent stem cells", *Nature*, 2011.5.13. www.nature.com(검색일: 2011년 5월 27일).

8   Leeb, c. et al., "Promising new sources for pluripotent stem cells", *Stem Cell Rev and Rep* 6, 2010, pp.15-26.

9   Maccharini, P. et al., "Clinical transplantation of a tissue-engineered airway", *Lancet* 372, 2011, pp.2023-2030.

10 Laughlin, M. J. et al., "Hematopoietic engraftment and survival in adult recipients of umbilical-cord blood from unrelated donors", *N Engl J Med* 344, 2001, pp.1815-1822.

11 Ballen, K., "Challenges in umbilical cord blood stem cell banking for stem cell reviews and reports", *Stem Cell Rev and Rep* 6, 2010, pp.8-14.

12 Brown, N., L. Machin and D. McCleod, "The immunitary bioeconomy: the economisation of life in the international cord blood market", *Social Science and Medicine* 30, 2011, pp.1-8, doi:10.1016/jsocscimed.2011.01.024.

13 [1978] 10 Pa.D. and C. 3d 90.

14 Dickenson, D., "Good science and good ethics: why we should discourage payment for eggs in stem cell research", *Nature Reviews Genetics* 10, 2009, p.743; Hyun, I., "Stem cells from skin cells: the ethical questions", *Hastings Center Report* 38, 2008, pp.20−22.

15 Waldby, C. and M. Cooper, "From reproductive work to regenerative labour: the female body and the stem cell industries", *Feminist Theory* 11, 2010, pp.3−22. emphasis added.

16 Ballen, "Challenges in umbilical cord blood", p.11.

17 영국 왕립산부인과학회가 받은 법률 자문에서는 제대혈이 법적으로 산모의 것이며, 아기의 것이 아니라고 했다.

18 Ediezen, L. C., "NHS maternal units should not encourage the private banking of umbilical cord blood", *BMJ* 303, 2006, pp.801−804.

19 Thornlet, I. et al., "Private cord blood banking: experiences and views of pediatric hematopoietic cell transplantation physicians", *Pediatrics* 123, 2009, pp.1011−1017.

20 MacKenna, R., "Umbilical cord blood banking not worth the cost, study shows", *Bionews*, 2009.9.28.

21 Sleeboom-Faulkner, M. and P. K. Patna, "The bioethics vacuum: national policies on human embryonic stem cell research in India and China", *Journal of International Biotechnology Law* 5, 2008, pp.221−234.

7장

1 Reverby, Susan, quoted in L. Kasdon, "A dark study comes to light", *Wellesley College Alumnae Magazine* Winter, 2011, pp.37−

39, at p.38.

2   언론협회가 최근 의학 학술지와 언론 기사를 검토한 결과에 따르면,
    미국에서 시행한 40여 개 연구에서 죄수와 정신질환자가 동원되었다.
    Stobbe, Mike, "Past medical testing on humans revealed",
    Washington Post, 2011.2.27.

3   Jones, J. H., *Red Blood: The Tuskegee Syphilis Experiment*, Glencoe,
    IL: Free Press, 1993; Reverby, S. M.(ed.), *Tuskegee's Truths:
    Rethinking the Tuskegee Syphilis Study*, Chapel Hill: University of
    North Carolina Press, 2000; Reverby, S. M., *Examining Tuskegee:
    The Infamous Syphilis Study and its Legacy*, Chapel Hill: University
    of North Carolina Press, 2008.

4   Caplan, Art interviewed in Stobbe, "Past medical testing in humans
    revealed", 2011.

5   Kaiser, J., "US bioethics panel to review clinical trials around the
    world", *Science Insider*, 2011.3.1. http://news.science.mag.org/
    scienceinsider/2011/03.us-bioethics-panel-to-review.html(검색
    일: 2011년 6월 10일)에서 재인용.

6   출처는 다음과 같다. *Trials of war criminals before the Nuremberg
    military tribunals under Control Council law no. 10: volume 2,
    Nuremberg October 1946-April 1949*, Washington DC: US
    Government Printing Office, 1949, pp.181-182. 또한 다음을 참조.
    Annas, G. J. and M. A. Goodin(eds.), *The Nazi Doctors and the
    Nuremberg Code: Human Rights in Human Experimentation*, Oxford:
    Oxford University Press, 1992.

7   Stobbe, "Past medical testing in humans revealed", 2011에서 재인용.

8   McFarlane, S., "President's bioethics commission continues review
    of Guatemalan syphilis experiments", *Biopolitical Times*, 2011.5.26.

9   Dr John Cutler, from the archives discovered by Susan Reverby, quoted in McFarlane, "President's bioethics commission".

10 US National Institutes of Health and Centers for Disease Prevention and Control, "A defense of HIV trials in the developing world", 1997. www.nih.gov/%20news/mathiv/mathiv.htm(검색일: 2011년 6월 10일). 반대 견해는 다음을 참조. Angell, M., "Ethical imperialism? Ethics in international collaborative clinical research", *N Engl J Med* 319, 1998, pp.1081–1083; Lurie, p. and S. M. Wolfe, "Unethical trials of interventions to reduce perinatal transmission of the human immunodeficiency virus in developing countries", *N Eng J Med*, 337, 1997, pp.853–856.

11 Bentley, S. and D. Smith, "As doctors fought to save lives, Pfizer flew in drug trial team", *Guardian*, 2010.12.10.

12 UK Academy of Medical Sciences, *A New Pathway for the Regulation and Governance of Health Research*, London: Academy of Medical Sciences, 2011.

13 Elliott, C., *White Coat, Black Hat: Adventures on the Dark Side of Medicine*, Boston: Beacon Press, 2010, p.20.

14 Steinbrook, R., "Compensation for injured trial subjects", *N Engl J Med* 354, 2006, pp.1871–1873. 임상시험 참여자들의 입지가 사실 난자 '공여자들'보다는 나은 편이라고 할 수 있다. 난자 공여자들의 경우 추적 검진이나 모니터링도 받지 못하기 때문이다. 다음을 참조. Kramer, W., J. Schneider and N. Schultz, "US oocyte donors: a retrospective study of medical and social issues", *Human Reproduction Online*, 2009, doi: 10.193/humrep/dep309.

15 Perry, S., "Too many clinical trials still exploit the poor and other vulnerable people, says U of M bioethics professor", *Minnesota Post*,

2010.10.14.

16 Steinbrook, R., "Gag clauses in clinical trials agreements", *N Eng J Med* 352, 2005, pp.2180−2182.

17 Mello, M. M. and L. E. Wolf, "The Havasupai Indian tribe case: lessons for research involving stored biologic samples", *N Eng J Med*, 2010.6.9, doi: 10.1056/NEJMp1005203.

18 저장해둔 전립선 조직 샘플을 공여자들의 바람에 반해 이동시킨 것을 둘러싼 법적 분쟁 사례라 할 수 있는 2007년 판례에 대한 논의는 다음의 내 책을 참조하라. Dickenson, *Body Shopping*, Chapter 6.

19 McHale, J., "Accountability, governance and biobanks: the ethics committee as guardian of 'toothless tiger'?", Paper given at European Commission TissEU project workshop, Birmingham, 2010.6.4.

8장

1 Lopatin, P., "What scientists believe', *New Atlantis* Fall, 2010. www.thenewatlantis.com/publications/what-scientists-believe(검색일: 2011.6.8.).

2 Dawkins, R., *The God Delusion*, London: bantam Press, 2006, title of Chapter 8.

3 같은 책, 284쪽.

4 같은 책, 281쪽.

5 Cooper, M., "The unborn born again: neo-imperialism, the evangelical right and the culture of life", *Postmodern Culture*, 2006, pp.17−38.

6 Fox, R. C. and J. P. Swazey, *Observing Bioethics*, New York: Oxford University Press, 2008.

7 Finegold, D. L. et al., *Bioindustry Ethics*, Amsterdam: Elsvier, 2005.

8 Frankenberry, N., *The Faith of Scientists: In Their Own Words*, Princeton, NJ: Princeton University Press, 2010.

9 Ecklund, E. H., *Science vs. Religion: What Scientists Really Think*, New York: Oxford University Press, 2010.

10 Burnell, J. B., "Faith in the universe", lecture at Oxford Friends Meeting, 2011.5.26.

11 Evans, J. H., "Science, bioethics and religion", in P. Harrison(ed.), *Science and Religion*, Cambridge: Cambridge University Press, 2010, pp.207–225, 210.

12 Ecklund, *Science vs. Religion*, 2010.

13 Bacon, F., *On the Advancement of Learning*, London: Cassell and Company, 1893[1620], section VI, paragraph 12(번역문은 다음의 한국어판을 따름. 이종흡 옮김, 《학문의 진보》, 아카넷, 2002, 91쪽 ─ 옮긴이).

14 Bacon, On the Advancement of Learning, Section I, paragraph 3(번역문은 다음의 한국어판을 따름. 이종흡 옮김, 《학문의 진보》, 16쪽 ─ 옮긴이).

15 Bacon, On the Advancement of Learning, section V, paragraph 11(번역문은 다음의 한국어판을 따름. 이종흡 옮김, 《학문의 진보》, 78–79쪽 ─ 옮긴이).

16 Nelkin, D., "Is bioethics for sale? The dilemmas of conflict of interest", *The Tocqueville Review* 24, 2003, pp.45–60.

17 Evans, "Science, bioethics and religion", p.218.

18 Evans, "Science, bioethics and religion", p.218–219, citing C. E. Rosenberg, "Meanings, policies and medicine: on the bioethical

enterprise and history", *Daedalus* 128, 1999, pp.27–46, at p.38.

19 McLeod, C. and F. Baylis, "For dignity or money: feminists on the commodification of women's reproductive labour", in B. Steinbock(ed.), *The Oxford Handbook of Bioethics*, New York: Oxford University Press, 2005, pp.258–283; Parry, B., *Trading the Genome: Investigating the Commodification of Bio-information*, New York: Columbia University Press, 2004; Widdows, H., "Persons and their parts: new reproductive technologies and risk of commodification", Health Care Analysis 17, 2009, pp.36–46; Goodwin, Michele(ed.), *Altruism's Limits*, New york: Cambridge University Press, forthcoming in 2012에 포함된 에세이들.

20 Klein, N., *No Logo: Taking Aim at the Brand Bullies*, Toronto: Knopf, 2000; Klein, N., *The Shock Doctrine: The Rise of Disaster Capitalism*, Harmondsworth: Penguin, 2007; Reich, R., *Supercapitalism: The Battle for Democracy in an Age of Big Business*, New York: Knopf, 2007; Elliott, L. and D. Atkinson, *The Gods that Failed: How Blind Faith in Markets Has Cost Us Our Future*, London: Bodley Head, 2008.

21 Email from Richard Haynes, co-convenor of the Tarrytown meetings, 2010.12.6.

찾아보기

인명

용어